日本の消費者問題

樋口 一清・井内 正敏
編著

建帛社
KENPAKUSHA

はじめに

　消費者問題の解決には，消費者のみならず，企業，国・地方の行政，大学・研究機関，NPOなど，幅広い関係者の連携・協力が不可欠である。また，その取り組みは，今日，世代や国境を越えた広がりが求められている。

　本書は，こうした観点から消費者問題の解決と取り組んでいるさまざまな立場の方々に執筆をお願いした。本書第1編では，国及び地方の消費者行政，企業の消費者相談部門，悪徳商法に対する消費者運動などの分野での取り組みの現状と当面する課題を報告していただいた。第2編では，今後の消費者問題を考えるため，谷みどり経済産業省消費経済部長（現在は同省消費者政策担当の審議官）に特別寄稿いただくとともに，日本消費者教育学会の小木紀之会長，第一生命の小山正之氏をお招きして，その役割が注目される大学院レベルでの消費者教育のあり方について座談会をお願いした。第3編は，清水鳩子主婦連合会元会長の「消費者運動の歴史と課題」と題する信州大学での記念講演を収録した。

　本書出版のきっかけは，昨秋に信州大学経営大学院で開講された消費者問題の講座である。今回，執筆をお願いした皆様の多くは，本講座での講義を担当した方々である。講義に加え，本書の企画を快く引き受けて頂いた執筆者の方々に，紙上を借りて重ねて御礼申し上げたい。

　本書出版に当たっては，信州大学茂木信太郎教授から温かいご支援と励ましを頂いた。柴田匡平信州大学大学院前研究科長，鈴木智弘信州大学経営大学院長はじめ，経営大学院の関係者にも改めて感謝申し上げたい。また，講演会，座談会の開催に当たっては，イノベーション研究・支援センタースタッフの新保弘子さん，伊藤奈津奈さん，経営大学院生の建部とも子さんにも大変お世話になった。

　本書の巻末には，清水主婦連合会元会長のご好意で主婦連の『消費のちえ』（昭和50年）全文を再録させていただいた。本資料は30年以上前のものである

が，今日の消費者運動の取り組みの方向を明確に示してくれており，いささかも新鮮さを失っていない。ぜひ，本書と併せて，ご一読いただきたい。

　本書が，消費者問題解決の一助となればと願っている。

2007年盛夏

編　者

もくじ

第1編　消費者問題と取り組む

1. 我が国の消費者政策の現状と課題（井内正敏）……………………………… 3
2. 経済産業省の消費者問題への取り組み（谷みどり）…………………… 22
   資料「みおちゃんとまもるくんの製品事故から身を守るために」…… 47
3. 消費者問題の現場から（1）悪徳商法の一掃をめざして
   〜消費者運動の現場から（堺　次夫）…… 51
4. 消費者問題の現場から（2）食品企業における消費者対応の現状と
   課題（滝田　章）…………………………… 66
5. 消費者問題の現場から（3）長野県における消費生活相談の概況と
   県消費者行政の課題（高橋加代子）……… 89
6. 消費者問題と現代企業システム（樋口一清）…………………………… 109

第2編　消費者問題のこれから

1. 特別寄稿　消費者の信頼で築く繁栄（谷みどり）……………………… 129
2. 座談会「現代の消費者問題と大学院教育への期待」
   （井内正敏，小木紀之，小山正之，司会：樋口一清）……………………… 137

第3編　消費者運動の歴史と課題

「消費者運動の歴史と課題」（清水鳩子講演抄録）……………………………… 159
紙上再録「消費のちえ」（昭和50年5月，主婦連合会）（全文）………… 191

（本文中の肩書は，執筆時のものです。現職は巻末に表示してあります。）

第1編
消費者問題と取り組む

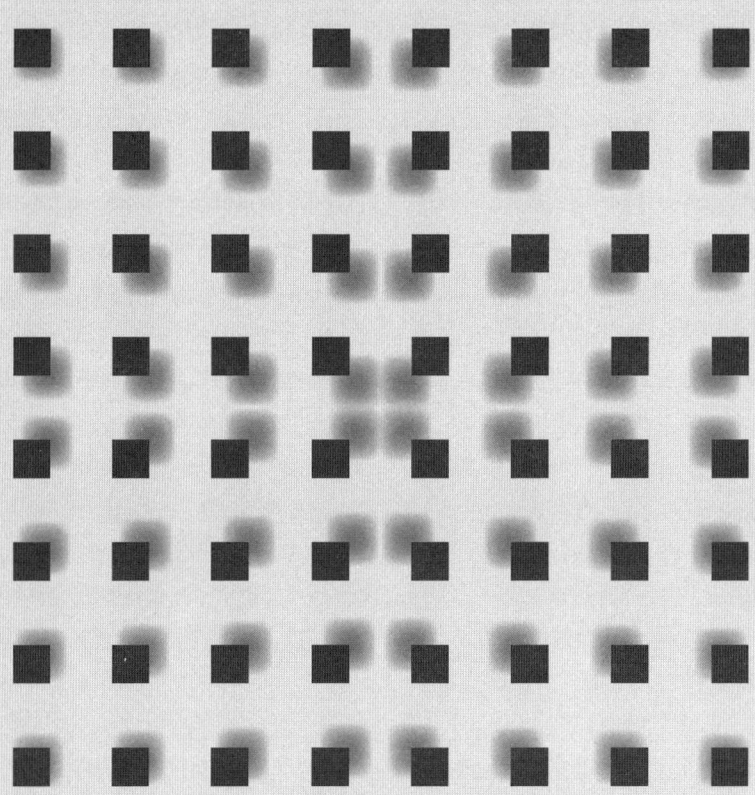

1．我が国の消費者政策の現状と課題

内閣府消費者企画課長
井内正敏

1－1　消費者問題の変遷と行政の対応

　消費者問題は，我が国の経済社会の動きに沿って，その様相にも変遷がみられる。

　第二次世界大戦後における経済の混乱期には，粗悪な商品などから生活を守るための消費者運動が起こったが，現在のように消費者政策に関する基本法や各省庁における消費者行政を担う専管課が存在しないなど，いわゆる消費者行政というものは存在していなかったといえる。

　1960年代に入り，ニセ牛缶事件やサリドマイド事件などが相次いで発生し，社会問題化する中で，国のレベルにおいても消費者問題への取り組みが活発化した。薬事法，割賦販売法，景品表示法など分野ごとに法律の整備が進められるとともに，農林水産省の消費経済課，通商産業省の消費経済課，経済企画庁の消費者行政課など国の行政機関に消費者問題を扱う専管課が相次いで設置された。1968（昭和43）年には議員立法により，我が国の消費者政策の基本的な在り方を示す消費者保護基本法が制定されるに至った。基本法の制定により，我が国の消費者政策は，大きく前進することとなった。

　消費者保護基本法は，消費者が事業者に対して交渉力などの点で弱い立場にあるとの認識を前提に，国や地方公共団体が消費者を保護する責務を負っていると規定していた。こうした観点から，各種業法の中で消費者を保護する規定が整備されるとともに，経済社会の変化に伴う新たな形の消費者問題に対応するため，訪問販売法や貸金業規制法の制定などが行われた。法整備にとどまらず，消費者保護を推進するための体制の面でも前進がみられ，1970（昭和45）年

には経済企画庁が所管する特殊法人として国民生活センターが発足した。また，消費者行政の体制は，国レベルにとどまらず，地方自治体レベルでも整備が図られることになった。1969（昭和44）年に地方自治法の改正が行われ，消費者保護が地方の事務と規定された。これを受け，各自治体において，消費者からの苦情の相談や消費者への情報提供を主たる任務とする消費生活センターが次々と設立されていくことになった。

1970年代に入ると，大量生産・大量消費の経済社会の中で，製品安全の問題が一層注視される一方で，通信販売や訪問販売などのビジネスの拡大やマルチ商法など新たな形の商法が普及し，それに伴って契約や取引に関する消費者問題のトラブルの比重が増大することとなった。

1980年代から1990年代にかけては，規制緩和をはじめとする構造改革が進展する中で，経済のサービス化や情報化が進展したが，この結果，ローン・クレジットをめぐる消費者トラブルが目立つようになるとともに，多重債務問題が深刻化した。消費者問題は，より一層多様化，複雑化する中で，これまでの業法による事前規制と行政による消費者への支援という形に加え，被害にあった消費者の救済を容易にするための民事ルールの整備が進められ，1994（平成6）年には製造物責任法，2000（平成12）年には消費者契約法が制定された。

以上のような消費者問題の変遷と政策の対応について，松本（2003, 2006）は，4つのステージに分けて説明している。第一のステージは，1950年代以前の消費者政策の前史であり，他の目的の法規の執行による結果として消費者保護も図られる「ついでの消費者保護の時代」としている。第二のステージは，1960年代からの行政中心の消費者保護であり，行政規制と行政による被害相談・あっせんを内容としており，「ハードローの時代」と呼んでいる。第三のステージは，1990年代の司法重視の時代であり，消費者に自ら行使できる権利を与え，裁判及び裁判外でトラブルが適切に解決されるルールが整備されるようになったことであり，「民事ルールの時代」としている。この最初の例として，製造物責任法の制定をあげている。第四のステージは，2000（平成12）年以降の市場重視の政策の時代であり，市場を利用して消費者の利益になるように企業行動を誘導しようとするものであり，「ソフトローの活用の時代」と呼んでいる。具体的には，企業のコンプライアンス経営を促進するような政策の推進を重視すること

であり，こうした意図が，2006（平成18）年4月に施行された公益通報者保護法，同年5月施行の新会社法，同年6月に成立した金融商品取引法などに織り込まれていると指摘している。

1－2　消費者政策の理念の転換と消費者基本法

　消費者保護基本法においては，消費者は事業者に比べ情報力及び交渉力の面で弱い立場にあるため，消費者は「保護」の対象として位置づけられていた。このため，事業者に対する事前規制と消費者に対する支援を行政が実施することによって，消費者の利益の擁護を図ることが基本的な考えであったといえる。すなわち，従来の消費者政策の基本的な考え方は，相対的に強い立場の事業者の活動に一定の規制を加えるとともに，弱い立場の消費者に対して苦情処理などの面での支援を行うことによって，消費者の保護を図ろうとするものであった。

　しかしながら，規制緩和の進展による市場メカニズムが機能する分野の拡大や経済の高度情報化・国際化に伴って，従来の事前規制中心の消費者保護策に限界が生じてきた。すなわち，1990年代に入り規制緩和が進展し，市場メカニズムの活用が進んでいることに加え，情報化や国際化の急速な進展などにより新しい商品やサービスが次々と登場し，消費者トラブルも多様化・複雑化し，以前のような事前規制を中心とする行政手法のみに依存して消費者の利益を確保することは困難となってきていた。

　このため，消費者政策は，事業者に対する事前規制を中心とした政策手法から，消費者と事業者が市場において自由で公正な取引を行うためのルールを整備し，市場メカニズムを活用するという政策手法に重点を移す必要がでてきた。またこれに伴い，悪質事業者の監視・取締りや被害を受けた消費者を救済する制度の充実など，事後チェック機能を充実させていくことが重要な課題となってきた。

　こうした政策手法をとる前提として，消費者が自立していることが不可欠であり，このためには，消費者の自立を支援するための施策が従来以上に強化されることが必要になる。同時に，消費者が合理的な行動を行えるような十分な

情報の提供が確保されていることが重要である。ただし，消費者の安全や健康に関する分野や，高齢者・障害者などをターゲットとした悪質商法への対応が求められる分野など一定の分野においては，行政の積極的な関与が必要な点については留意が必要である。このような分野では，市場メカニズムに委ねたのでは，取り返しのつかない重大な消費者被害がもたらされる可能性や被害が大きく拡散するおそれがあり，市場メカニズムに一定の修正を加える必要があると考えられる。特に高齢者や障害者などに対しては，きめ細かな対応が必要となる。

　以上のような状況を背景として，内閣総理大臣の諮問機関である国民生活審議会では，2002（平成14）年6月より消費者保護基本法における政策理念や施策の内容を経済社会の変化に応じて抜本的に見直すための検討が行われ，2003（平成15）年5月に国民生活審議会消費者政策部会報告「21世紀型の消費者政策の在り方について」がとりまとめられた。

　同報告書において，消費者の権利を基本理念として消費者政策を再構築するとともに，消費者政策が21世紀にふさわしいものとなり，消費者の権利が実現されるよう，消費者保護基本法の見直しを始めとして所要の措置が講じられる必要があるとの提言がなされた。

　こうしたことを背景に，新たな理念に基づく基本法制定の機運が高まり，2004（平成16）年に議員立法により消費者保護基本法が改正される形で消費者基本法が制定された。消費者の権利をベースとして，権利実現のために消費者政策を実施することとし，消費者の「保護」から「自立の支援」へと政策の重心が移されることになった。また，市場メカニズムの活用を重視して，事前規制中心の行政手法から消費者・事業者間の市場ルール整備と事後チェックに重点を移していくことになった。さらに，消費者基本法においては，消費者政策の計画的な推進を図るため，消費者基本計画を定めなければならないとされている。このため，2005（平成17）年4月には，初めての消費者基本計画が定められた。

　ここでは，消費者基本法の内容を，消費者保護基本法から大きく変更され，あるいは新たに追加された内容を中心にみていくことにする。

　まず第一は，すでに触れたように，消費者政策の理念の転換が図られ，基本

理念の規定が新たに設けられたことである。消費者政策の基本が,「消費者の権利の尊重」及び「消費者の自立の支援」とされ,消費者の権利として,①安全の確保,②選択の機会の確保,③必要な情報の提供,④教育の機会の確保,⑤意見の反映,⑥被害の救済が規定されたことである。

　第二は,事業者の責務などの拡充が図られるとともに,事業者団体や消費者団体に関する規定が設けられたことである。事業者については,消費者保護基本法に規定されていた,消費者との間に生じた苦情の適切かつ迅速な処理の体制整備と苦情の適切な処理を行う責務に加え,消費者の安全及び消費者との取引における公正の確保,消費者に対し必要な情報を明確かつ平易に提供すること,消費者との取引に際して消費者の知識,経験及び財産の状況等に配慮することなどの責務が追加された。事業者団体については,事業者と消費者との間に生じた苦情処理の体制整備,事業者自らがその事業活動に関し遵守すべき基準の作成の支援その他の消費者の信頼を確保するための自主的な活動に努めることが規定された。消費者については,自ら進んで消費生活に関し必要な知識を修得し,必要な情報を収集するなど自主的かつ合理的に行動するよう努めることが規定された。さらに,消費生活における環境の保全への配慮,知的財産権等の適正な保護に配慮するよう努めなければならないとの規定も設けられた。消費者団体については,情報の収集・提供,意見の表明,消費者に対する啓発・教育,消費者被害の防止・救済等,消費生活の安定・向上を図るための健全かつ自主的な活動に努めるとの規定が設けられた。

　第三は,基本的施策の充実・強化を図る改正が行われ,危険な商品の回収,危険・危害情報の収集・提供の促進を内容とする安全確保の強化,契約締結時の情報提供や勧誘の適正化等を内容とする消費者契約の適正化の新設,学校,地域,家庭,職域などさまざまな場を通じた消費者教育の実施を内容とする消費者教育の充実,都道府県・市町村がともに苦情処理のあっせんを実施するなどの苦情処理及び紛争解決の促進の充実などが規定された。

　第四は,消費者政策の推進体制の強化に関し,消費者政策を計画的・一体的に推進するために消費者基本計画の策定が規定されるとともに,国民生活センターの役割として,消費生活に関する情報の収集と提供,苦情の処理のあっせんと苦情相談,商品テスト,調査研究などを実施し,消費者に対する啓発及び

教育などに関する中核的な機関であることが明文化された。

1−3　消費者基本法の下での政策推進体制

　消費者基本法においては，消費者保護基本法の下で設けられていた従来の消費者保護会議が消費者政策会議へと改組され，消費者基本計画の案の作成などを新たに担うものとして内閣総理大臣を会長とする消費者政策会議が設けられた。消費者政策会議の構成員は，全閣僚と公正取引委員会委員長となっており，同会議の下に事務次官レベルの幹事会が設置されている。同幹事会の決定に基づき，課長レベルの消費者政策担当課長会議が設置された。

　また，消費者問題への機動的な対応を図る観点から，特定分野に問題が限られる場合には，消費者政策会議の構成員のうち，当該分野に関係する構成員のみをメンバーとする消費者政策会議関係委員会議で審議などができることとなっている。同様に，課長レベルにおいても，迅速かつ的確に問題に対応していくために，消費者政策担当課長会議の構成員の一部からなる関係省庁等担当課長会議で審議等が行われることになっている。

　1965（昭和40）年に設置された内閣総理大臣の諮問機関である国民生活審議会についても，消費者基本法において，消費者政策の推進に関する基本的事項の調査審議を行うものと規定されるとともに，消費者政策会議が消費者基本計画の案を作成しようとするときには，同審議会の意見を聴かなければならないとされ，新たな役割が追加された。

　消費者基本法においては，国の責務として，経済社会の発展に即応して，消費者の権利の尊重及び自立の支援等の基本理念にのっとり，消費者政策を推進する責務を有するとされている。このため，内閣府及び関係各省庁は，消費者政策会議の枠組みを活用しながら，密接な情報共有や協力などに努め，各機関の任務に応じて消費者政策を推進することになっている。具体的には，内閣府が消費者政策に関する基本的な施策の企画・立案を担うとともに消費者政策会議や国民生活審議会の庶務を担当し，関係各省庁が個別具体的な施策を実施している（図1参照）。

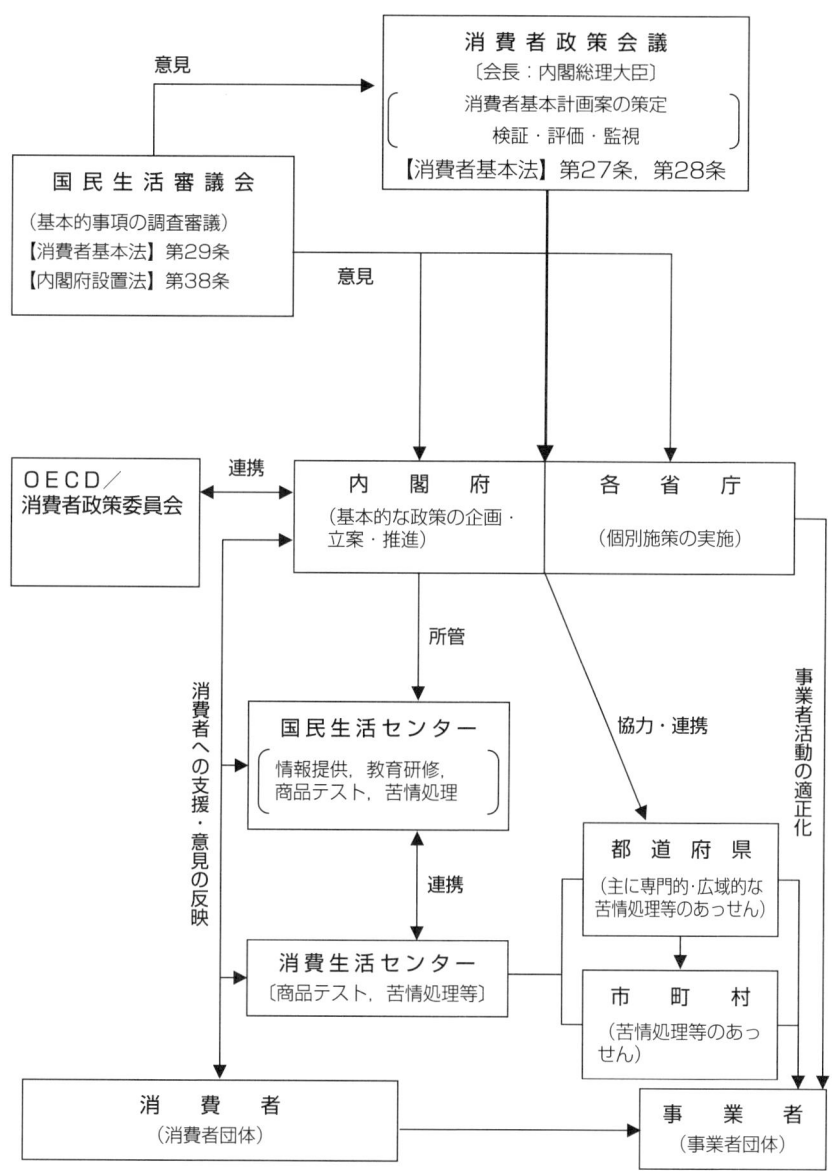

図1　消費者政策の推進体制
(内閣府資料に基づき作成)

1－4　消費者基本計画に基づく政策の推進

　消費者基本法に基づき，初めての消費者基本計画が2005（平成17）年4月に閣議決定された。計画期間は，2005（平成17）年度から2009（平成21）年度の5か年計画であり，3つの消費者政策の基本的方向と9つの重点事項が定められるとともに，重点的に講ずる具体的施策や計画の実効性確保を図るための方策が盛り込まれている。

　消費者政策の基本的方向の第一は，消費者の安全・安心の確保であり，国が講ずべき最も基本的な施策と位置づけ，今後一層その充実・強化を図ることとされている。この観点から，①消費者が危険な製品の情報を素早く入手し，事故を回避できるようにすること，②消費者のリスクコミュニケーションへの参加を促進すること，③消費者が食品に関する情報を簡単に入手できるようにすること，の3つが政策の重点としてあげられた。

　基本的方向の第二は，消費者の自立のための基盤整備であり，①消費者が不当な勧誘に直面しないようにすること，②消費者団体が事業者の不当な行為を差止めることができるようにすること，③消費者が自立できるように消費者教育を展開すること，④消費者が自ら環境に配慮して行動できるように支援すること，の4つが重点とされた。

　基本的方向の第三は，緊要な消費者トラブルへの機動的・集中的な対応であり，①消費者からの苦情相談を活用してトラブルを防止すること，②緊要な消費者トラブルに対して機動的・集中的に施策を講じること，の2つが重点とされた。

　計画の実効性確保のための方策として，消費者政策会議は毎年，計画の進捗状況について国民生活審議会の意見を踏まえ，検証，評価，監視し，結果を公表することが盛り込まれた。消費者保護基本法の下におかれていた消費者保護会議では，取り組むべき当面の消費者関連施策を「消費者保護推進の具体的方策」として毎年決定していたが，これは中期的な観点から政策を計画的に推進するという性格を必ずしももつものではなく，また，事後の評価・点検といったプロセスも欠くものであった。しかしながら，消費者基本計画の策定及び毎

年の検証・評価・監視のプロセスの導入により，消費者政策の推進に当たって，計画（PLAN），実施（DO），点検（CHECK），是正（ACT）という，いわゆるPDCAサイクルが確立されることになった。

以下では，消費者基本計画で示された3つの基本的方向に沿って実施されている主な政策について述べることとする。

（1）消費者の安全・安心の確保

消費者の安全が確保されるためには，危険な製品などが市場に流通しないことが最も重要であるが，危険な製品などが出回った場合には，事業者による製品回収などが迅速かつ適切に実施される必要がある。こうした観点から基本計画の下において，リコール制度の強化・拡充のための施策が盛り込まれている。特に，自動車については，2004（平成16）年にリコール隠しに伴う死亡事故の発生等によってメーカーによる悪質な不正行為が発覚したことにより，情報収集体制の強化，監査体制の強化及び技術的検査体制の強化を3本柱とするリコールに関する不正行為の再発防止策がとりまとめられ，実施に移されている。

また，食の安全・安心の分野については，内閣府食品安全委員会，厚生労働省，農林水産省の3府省が連携して消費者への情報提供や消費者との意見交換の実施を積極的に実施するとともに，農水省，総務省，経済産業省が，導入のためのガイドライン作成や電子タグの技術開発などにより，トレーサビリティ・システムの普及促進に取り組んでいる。

消費生活用製品の安全確保に関しては，消費生活用製品安全法に基づく緊急命令が，2005（平成17）年11月及び2006（平成18）年8月に発動されるとともに，2006（平成18）年の同法の改正により，製造業者と輸入業者に国への事故報告を義務付け，その情報を国が消費者に対して公表する制度が創設された。

（2）消費者の自立のための基盤整備

消費者の自立のための基盤整備の取り組みとして，まず，消費者団体訴訟制度の導入があげられる。近年の多様化・複雑化した消費者契約に関わるトラブルへの対応の観点から，労働契約を除く消費者と事業者の間で結ばれたあらゆる契約に適用される消費者契約法が2001（平成13）年に施行された。同法にお

いては,事業者による不当な勧誘行為によって締結された契約の取消や不当な条項は無効との規定が設けられ,消費者被害の個別的・事後的な救済に資するものであったが,同種の消費者被害の発生や拡大を防止するには限界があった。また,消費者団体の中には,事業者に対して不当な行為の改善を求める活動などを自主的に行っているところも存在したが,法的な裏付けはないため,事業者に対して十分な交渉力を持つことができず,実効性の面において限界があるとみられた。このため,事業者の不当行為自体を抑止する方策として,一定の消費者団体に,事業者の不当な行為に対して差止めを求める権利を認める消費者団体訴訟制度の導入を求める声が高まった。また,消費者契約法の制定時の附帯決議や司法制度改革推進計画などにおいても制度導入を検討する必要性が指摘されていたこともあり,2004（平成16）年4月に国民生活審議会の下に消費者団体訴訟制度検討委員会が設置され,2005（平成17）年6月に「消費者団体訴訟制度の在り方について」と題する報告書がとりまとめられた。この報告書を踏まえ,政府は「消費者契約法の一部を改正する法律案」を2006（平成18）年の通常国会に提出し,全会一致で成立した。改正消費者契約法は,2007（平成19）年6月より施行されることとなった。

　また,個別の分野では,特に金融取引に関するルールの面で積極的な対応が図られている。すなわち,金融・資本市場をとりまく環境の変化に対応し,幅広い金融商品についての包括的・横断的な制度の整備を図る観点から,金融商品取引法関連法が,証券取引法などを改正する形で成立した。また,深刻化した多重債務問題の解決のための抜本的な対策を講じる観点から,2006（平成18）年には上限金利の引下げ,総量規制の導入,行為規制の強化,参入条件の厳格化などを主な内容とする貸金業規制法の改正が行われた。この法改正に加え,2007（平成19）年には内閣におかれた多重債務者対策本部において「多重債務問題改善プログラム」が策定され,貸手側と借手側の両面での対策が充実し,政府及び関係者が一体となってこの問題の解決に積極的に取り組んでいく環境が整備された。

　消費者の自立のための基盤整備という基本的方向に沿って,多くの具体的施策が盛り込まれているのが消費者教育の分野である。消費者教育の推進体制を強化する観点から,内閣府と文部科学省間の連携の強化が消費者基本計画に盛

り込まれ，2005（平成17）年には「内閣府・文部科学省消費者教育連絡協議会」が発足した。連絡協議会の場では，消費者問題や消費者教育などに関する情報共有の強化が図られるとともに，消費生活センターと教育委員会との連携強化に向けた取り組みについて検討が行われた。この結果，2006（平成18）年3月には，両府省より，消費生活センターと教育委員会との連絡協議会を設置するよう都道府県・政令指定都市に対し要請を行うとともに，その後，フォローアップの調査も実施している。この要請以後，17の団体で新たに協議会が設置され，半数以上の団体で連絡協議会の設置などの連携が図られる状況になってきている。また，消費者教育に関係する省庁などからなる「関係省庁消費者教育会議」が2006（平成18）年10月より開催され，消費者教育の教材などを計画的に整備するための情報共有と調整の場となっている。消費者教育の担い手の養成も計画期間中の大きな課題であることから，内閣府では，出前講座などで講師を務めることができる人材を養成するためのプログラムの開発に向けた準備に着手しており，今後，標準的なプログラムを策定する予定となっている。さらに，各省庁などで作成された消費者教育関連の教材及び実践事例，消費者教育専門家に関する情報などを集約したポータルサイトを内閣府が中心となり関係機関が協力して構築することとなっている。2007（平成19）年3月に開催された関係省庁消費者教育会議において，基本方針案が合意されたことにより，今後，ポータルサイトの構築が実行に移されることとなった。

（3）緊要な消費者トラブルへの機動的・集中的な対応

消費者基本計画の期間中，計画策定時には想定できなかった新たな消費者トラブルの発生や消費者被害の大きな広がりがみられるような場合には，迅速な問題解決に向けた制度の機動的な見直しや政府をあげての取り組みが必要になる。このため，関係省庁間の情報共有の強化や政策調整の円滑化が重要であり，消費者政策担当課長会議の定期的な開催などが行われている。また，関係省庁が一体となって政策のパッケージを策定して取り組むためには，消費者政策会議の活用や消費者政策会議の一部メンバーで構成する消費者政策会議関係委員会議の機動的な開催などが重要になる。

こうした観点からの対応として，まず，架空請求・不当請求問題への取り組

みがあげられる。2003（平成15）年から各地の消費生活センターの相談窓口では，電子メールやはがきを用いて一方的に消費者に対して身に覚えのない代金請求や貸金返済請求が行われるといった架空請求・不当請求に関する苦情相談が急増し，大きな社会問題ともなった。このため，2004（平成16）年9月の消費者政策会議において，架空請求・不当請求に関する消費者トラブルへの対応策を決定するとともに，その後，関係省庁等担当課長会議などにおいてフォローアップが実施されている。このような政府一体となった取り組みにより，架空請求・不当請求に関する苦情相談件数は，2004（平成16）年度の67.5万件をピークとして翌年度には約26万件へと減少した。また，悪質住宅リフォーム問題への対応については，2005（平成17）年9月に消費者政策会議関係委員会議が開催され，「悪質住宅リフォーム問題への対応」が決定され，関係省庁等が一体となって施策を強力に実施していくこととなった。

　偽造キャッシュカードによる被害の多発に対しては，金融庁と警察庁が連携し，預金口座の不正利用に関する情報共有の強化やカード利用者へのカード管理上の注意喚起を図るとともに，警察による口座売買の取締りの強化が図られた。また，2006（平成18）年には，金融庁，警察庁及び金融関係団体をメンバーとして，情報セキュリティに関する検討会を開催して，ATMシステムのセキュリティ強化の検討を実施し，その成果を各金融機関へ還元するなどの取り組みを行っている。

　建築物の安全性に対する国民の信頼を揺るがす耐震強度偽装問題の発生については，建築行政，建築士制度，消費者保護上のそれぞれの課題に対応するため，2006（平成18）年に建築基準法や建築士法の改正などを行うとともに，2007（平成19）年には新築住宅の売主等に対し瑕疵担保責任を履行させるための資力の確保の義務付け等を内容とする新規の立法を行うなどの措置がとられた。

　近年相次いだガス関係機器をめぐる問題については，消費生活用製品安全法の改正による事故情報の収集・公表制度の活用にとどまらず，ガス機器事故の再発防止策として，消費者や事業者に対する啓発活動の強化や不完全燃焼防止措置の再点火防止機能の義務付けなどの技術基準の改正の措置がとられた。

1-5　消費者政策の課題

　以上みてきたように，我が国における消費者政策は，消費者基本法に基づき，消費者政策会議の枠組み等を有効に活用しながらその推進に努めているといえよう。しかしながら，消費者問題は引き続き重要な社会的問題の一つであり，一連の企業不祥事の発生や国民の製品安全への意識の高まりもあり，契約・取引や製品安全の分野を中心に，より一層の対応強化が求められている状況にあると考えられる。以下では，法制度の整備，情報の共有化，消費者教育の推進，官民の役割分担と連携，政策の理論的基盤の強化の観点から課題を整理した。

（1）法制度の整備

　消費者の安全や安心を確保するためには，必要な制度創設のための新たな立法や社会経済の状況などに即応した法律の不断の見直しが必要である。

　特に，消費者取引及びそのトラブルの多様化が進む中で，分野横断的かつ包括的な視点に立って契約・取引のルール整備を図っていくことが重要な課題といえる。

　現在の主な具体的検討課題としては，まず，消費者取引におけるルールを幅広く検討する中で，消費者契約法の本体部分に関してどのような点を見直すべきか，また，特定商取引法など消費者取引に関する他の法律とどのような仕分けをしてルール整備を推進すべきかという点であろう。すなわち，基本的にあらゆる消費者契約に適用される消費者契約法と，ある特定の分野や取引形態について規制を行って悪質商法などを取り締まる他の法律との間の役割分担を適切に考慮して検討することが重要である。

　また，団体訴権を消費者契約法以外の法律に導入することも課題となっており，2006（平成18）年度に実施した第1回目の消費者基本計画の検証・評価・監視においても，今後，特定商取引法や景品表示法などに団体訴権を導入することについて検討することとされている。

　さらに，契約・取引の分野以外についても，たとえば，エレベーター事故や

遊技場での事故を受け，利用者の安全確保のための方策が検討されており，検討の結果を踏まえて，法制度上の手当ても含めた適切な対応が図られていくことが課題となっている。

（2）情報の共有化

　消費者問題に関する情報については，消費者が直面する個々のトラブルの情報から政策情報にいたるまでさまざまな種類の情報があるが，消費者の安全と安心の確保のためには，これらの多種多様な情報が行政，消費者，事業者などの各主体によって有効に活用されることが重要である。

　個々の消費者のトラブルに関する情報については，各地の消費生活センターが受け付けた苦情相談情報を，独立行政法人国民生活センターがオンラインで収集するというシステム（全国消費生活情報ネットワーク・システム：略称 PIO-NET）が存在している。ピーク時の2004（平成16）年度には192万件に及ぶ苦情相談情報が寄せられているが，この情報は，相談員支援のためのシステムとして各地の消費生活センターの相談窓口におけるトラブルの解決に役立てられるとともに，分析・評価が加えられることにより，消費者への情報提供や政策の企画・立案に活用されている。近年では，特定商取引法に基づく悪質事業者に対する処分や指導への活用をはじめとして，法執行にも積極的に利用されるようになってきている。

　しかしながら，PIO-NETの発足時の一義的な利用目的は相談員支援であったため，PIO-NET端末は各地の消費生活センターと国民生活センターにしか設置されておらず，基本的には国の行政機関は必要に応じて情報を国民生活センターから紙媒体で入手することになっている。こうした状況は，迅速な情報共有の観点から見直されるべき課題であり，内閣府は有識者による研究会を開催し，その検討結果を踏まえ，国の行政機関へのPIO-NET端末の設置を可能とすることを決めている。

　苦情相談情報については，情報共有の面での強化が図られることが決まったが，今後は，苦情相談情報以外の消費者などがもつ製品事故情報等をいかに容易かつ迅速に収集し，それをどのような形で活用していくかが重要な課題として残されているといえる。

情報収集システムの整備といったハード面での情報共有化に向けた施策の充実を図るとともに，その情報をいかに行政機関内部で活用していくかも重要である。また，行政機関内部での活用にとどまらず，必要かつ有用な情報をどのような形で消費者や事業者などへ公開していくかという点も重要な課題である。

（3）消費者教育の推進

消費者教育については，従来よりその重要性が各方面から指摘されていたものの，消費者トラブルの多様化・複雑化や消費者教育の内容に関するコンセンサスが十分に得られていなかったことなどを背景に，十分な成果があがっていないのではないかとの指摘があった。

こうした中，消費者基本法では，消費者に対し必要な情報及び教育の機会が提供されることは消費者の権利の一つとして明確に規定され，同時に，消費者が自らの利益の擁護及び増進のため自主的かつ合理的に行動することができるよう消費者の自立を支援することが基本理念として明記された。また，消費者に対しては，自ら進んでその消費生活に関して必要な知識を修得し，必要な情報を収集するなど自主的かつ合理的な行動に努めなければならないとしている。消費者教育は，こうした消費者の行動を支援するものであり，行政は消費生活に関する消費者への啓発活動を推進するとともに，消費者が生涯にわたって消費者教育を受けられる機会を持てるよう，学校，地域，家庭，職域などさまざまな場において消費者教育を充実していくことが規定された。

まず，消費者教育の推進にあたっては，消費者教育の目標と内容を明確にし，体系的に行う必要がある。現状では，消費者教育はさまざまな主体によって実施されているが，消費者が生涯にわたってどのような内容を学ぶべきかについては，必ずしも関係者の間で認識が共有されているものではない。そこで，消費者教育を幅広く，かつ，効率的・効果的に実施する観点から，消費者教育の体系化とその推進方策についての検討が内閣府を中心に行われてきたところである。

消費者教育の体系化については，2005（平成17）年度に内閣府が関係省庁の協力の下に有識者による研究会を設置して検討を行い，消費者教育の目標，対象

領域の設定とその目標，ライフステージに応じた各領域での目標をそれぞれ設定して，「体系シート」として整理している。消費者教育の理念として，自立した消費者の育成をあげ，消費者教育の目標としては，消費生活に関して，①自ら進んで必要な知識を修得し，必要な情報を収集するなど自主的かつ合理的に行動できる消費者の育成，②環境の保全及び知的財産などの適正な保護に配慮する消費者の育成があげられている。また，対象領域については，大きく分けて，①安全，②契約・取引，③情報，④環境の4つとしている。これは，安全や契約・取引が従来から消費者教育の主要な部分であったことに加え，社会の変容の中で消費者基本法において「環境の保全及び知的財産権等」が明示されたことによる。なお，情報については，同法において高度情報社会の進展への的確な対応が求められていることから，知的財産に限定せず，広く情報分野を対象としている。ライフステージについては，消費者基本法において，消費者の自立の支援にあたっては消費者の年齢その他の特性に配慮されなければならないとされていることから，消費者の年齢や発達段階などに配慮し，①幼児期，②児童期，③少年期，④成人期の4つに大きく区分されている。

　消費者教育の体系化に基づく総合的な推進策についても，2006（平成18）年度に体系化の検討と同様の枠組みで検討がなされ，今後取り組むべき重点施策として，①教材・プログラムの充実と開発手法の深化，②教育の担い手への支援の充実，③組織と人材のコーディネート機能の充実の3点があげられた。

　政府における消費者教育の体系化を踏まえ，今後は，学校教育にとどまらず，地域や家庭など多様な場において，消費者教育が草の根レベルで幅広く実施されるよう，行政をはじめとする各主体が連携・協力することが重要な課題となっている。

（4）官民の役割分担と連携

　消費者問題の解決に当たっては，官民の役割分担と連携が必要であり，ここでは，行政，事業者，消費者の3つの主体に絞って，今後の課題を整理することにする。

　行政の役割については，消費者の権利の尊重とその自立支援を基本理念として消費者政策を推進することが基本的な役割である。今後の課題は，引き続き，

法制度の整備や消費者の自立を促すための消費者教育などの支援策を強力に推進していくことが重要と考えられる。消費者を取り巻く状況に応じて，行政として消費者の権利が確保されるような法制度などの見直しを不断に行うことは当然であるが，消費者自らが自己の有している権利を使い，事業者との情報力・交渉力の格差を埋めるように行動する社会を確立していくことも重要である。こうした観点から，とりわけ消費者教育の充実と普及について，行政は積極的に取り組む必要があると考えられる。消費者教育を推進していく際には，人材の育成，教材・カリキュラムの作成などのいわば消費者教育のインフラ整備に関しては，行政が主たる役割を担う必要がある。しかしながら，消費者教育が広範に普及するためには，事業者の消費者教育への取り組みや支援，さらには消費者自らが積極的に受け手になることが不可欠である。

　事業者の役割としては，消費者の安全や消費者との取引における公正を確保することが基本と考えられるが，そのためには，消費者への積極的な情報提供や消費者の属性に配慮した取引を行うことが重要である。このことは，多くの場合，単に法令を遵守するだけではなく，法令が求める以上にいかに消費者の立場に立った経営が行われるかが問われているということでもある。すなわち，いわゆるコンプライアンス経営が事業者一般にいかに確立されているかの問題であるが，近年の一連の企業不祥事などの発生状況をみると，今後の大きな課題といえよう。

　消費者の役割としては，自ら進んで消費生活に関する必要な知識・情報を修得・収集して，合理的に行動することが基本である。このような自立した消費者になるよう，消費者自らが努力することが重要である。同時に，そのためには，消費者がライフステージ全般において消費者教育を受けられるような機会を行政が中心となって整備していくことが重要と考えられる。

　消費者政策も，実施にあたっては他の政策と同様，政策に伴うコストが発生する。政策に伴うコストは，政策を実施する主体である行政に発生する直接的なコストだけでなく，事業者や消費者にも規制やルールの在り方によって，直接・間接のコスト負担が生じるのが一般的である。消費者の利益を守るために，事業者への規制を強化したり，消費者にとって一見して有利なルールを導入しても，規制の在り方やルールの設計が適切でない場合には，事業者の健全な経

済活動が大きく阻害されたり，事業者が消費者に負担を転嫁するなどにより，結果として消費者の利益を大きく減じてしまう可能性もある。一方で，一見すると事業者の負担が増すようにみえるが，健全な市場が整備されることにより，結果として消費者のみならず事業者にとっても利益になるような政策も存在すると考えられる。どのような政策が効率的かつ有効であるか，また消費者及び社会全体にプラスになるかを，行政，事業者，消費者が協力して作り上げていくという視点も重要と考えられる。

　また，一般的には，消費者に必要な情報が十分提供され，それに基づいて消費者が合理的に行動できるようになればなるほど，事業者の自由な経済活動を阻害するような規制やルールを設ける必要性は低くなり，政策に伴うコストも低くなると考えられる。こうしたことから，消費者への情報提供や消費者教育の面で，各主体が適切な役割分担と協力をしていくことも重要であろう。

（5）政策の理論的基盤の強化

　政府における各種政策の企画や立案に当たっては，学者をはじめとする有識者からなる審議会や研究会などの活用により，理論面での協力を得ることが一般的である。消費者政策についても，国民生活審議会や各省庁に設けられている審議会などが，その役割を果たしているといえる。たとえば，消費者教育については専門の学会が存在し，施策の企画や推進の面で，人的及び知的両面での大きな協力がなされている。同様に，各府省庁が法律案を策定する過程においても，各分野の学者の協力を得ている。このようなアカデミズムとの連携や協力は今後一層強化が図られる必要があるが，政策の企画や立案を行う立場からみた場合に，課題も存在していると考えられる。

　消費者政策の分野は，安全，契約・取引，情報，環境など広範にわたっており，他の政策分野以上に政策の企画や立案に当たっては学際的な研究や調査を必要とする面が強いと考えられる。アカデミズムにおいては，法律学の分野では消費者法という分野が確立されているが，消費者政策を実施するに当たっての基本的な考え方や分野に応じた適切な政策の在り方に関する考え方を示すような理論は確立していないように思われる。政策の立案に当たっては，法律学にとどまらず，経済学や理工系などの学問分野を取り込んだ形でのいわば「消

費者政策の理論」とでもいうべき拠り所となる理論的基盤をもって実施されることが望ましいと考えられる。このような「理論」が生み出され，集積される場としての学会や大学・研究所などの創設・発展が期待される。

参 考 文 献

国民生活審議会消費者政策部会「21世紀型の消費者政策の在り方について」，2003
松本恒雄『21世紀の消費者政策と食の安全』，コープ出版，2003
内閣府国民生活局『ハンドブック消費者』，国立印刷局，2005
消費者政策会議「消費者基本計画の検証・評価・監視について」，2006
松本恒雄「消費者団体訴訟制度導入の意義と今後の課題」，ESP 2006年9月号，経済企画協会，2006
大村敦志『消費者法 第3版』，有斐閣，2007
国民生活センター『消費生活年報』，各年版

2．経済産業省の消費者問題への取り組み

経済産業省消費経済部長
谷　みどり

2-1　行政機構の変更と消費経済部

　経済産業省の消費経済部では，大きく分けると，悪質商法関係と製品安全関係という2つの分野の仕事を行ってきた。それぞれの分野での行政ニーズが大幅に増加してきたため，2007（平成19）年4月からの組織変更が決まった。
　まず，製品安全について新たに担当の審議官が設けられ，製品安全課の体制も拡充される。同時に，消費経済部長は消費者政策担当の審議官となり，これまで消費経済部で担当してきた特定商取引法関係の行政に加え，割賦販売や商品先物についても併せてかかわる。
　ここでは，組織改編の直前である2007（平成19）年3月末時点での消費経済部の担当分野について解説する。

2-2　悪質商法の撲滅を目指す制度

（1）特定商取引法の概要
① 悪質商法対策に役立つ法律
　悪質商法に対抗するために役立つ法律としては，民法による一般的な契約の規定，刑法による詐欺罪，判断能力の低下した高齢者等を守る成年後見制度のほか，消費者契約法，景品表示法，そして特定商取引法がある（表1）。
② 対象となる取引
　特定商取引法は，訪問販売，通信販売，電話勧誘販売，連鎖販売取引，特定継続的役務提供，業務提供誘引販売取引という6つの類型の商取引について規

2．経済産業省の消費者問題への取り組み

表1　悪徳商法から消費者を守る3つの法律

◇消費者契約法……民事ルール（事業者と消費者の間の紛争処理のルール）
　　重要事項の不実告知，不退去等により締結した契約は取消可能。内閣府の所管。
◇景品表示法……行政規制（違反事業者に対する行政処分）
　　誇大広告，過大景品を行った事業者には，公正取引委員会が排除命令。
◇特定商取引法……民事ルール＋行政規制＋刑事罰
　　民事ルールには，クーリングオフや中途解約がある。
　　行政規制としては，経済産業省や都道府県の業務停止命令，改善指示。警察の取締りもある。

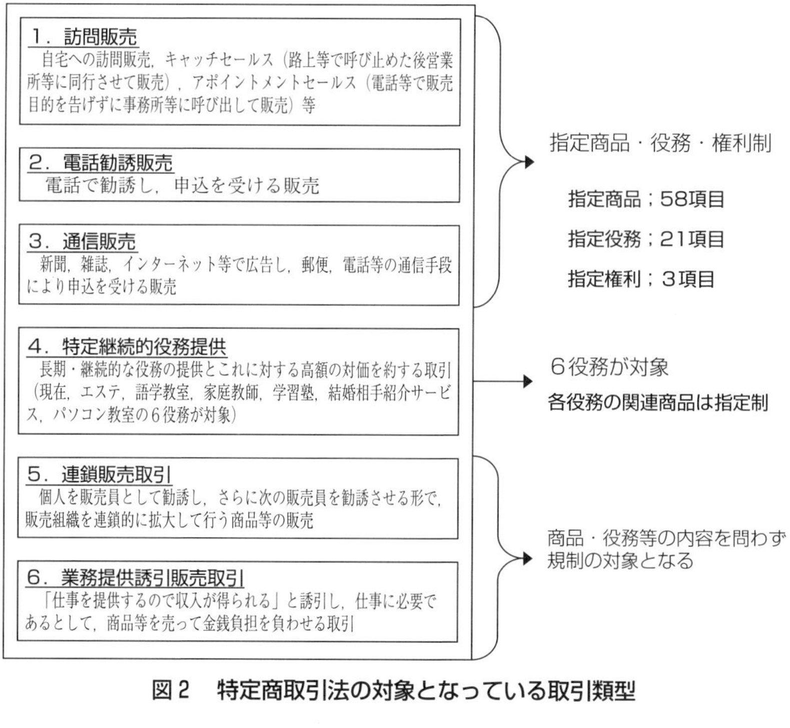

1．訪問販売
　　自宅への訪問販売，キャッチセールス（路上等で呼止めた後営業所等に同行させて販売），アポイントメントセールス（電話等で販売目的を告げずに事務所等に呼び出して販売）等

2．電話勧誘販売
　　電話で勧誘し，申込を受ける販売

3．通信販売
　　新聞，雑誌，インターネット等で広告し，郵便，電話等の通信手段により申込を受ける販売

→ 指定商品・役務・権利制

　　指定商品；58項目
　　指定役務；21項目
　　指定権利；3項目

4．特定継続的役務提供
　　長期・継続的な役務の提供とこれに対する高額の対価を約する取引（現在，エステ，語学教室，家庭教師，学習塾，結婚相手紹介サービス，パソコン教室の6役務が対象）

→ 6役務が対象
　　各役務の関連商品は指定制

5．連鎖販売取引
　　個人を販売員として勧誘し，さらに次の販売員を勧誘させる形で，販売組織を連鎖的に拡大して行う商品等の販売

6．業務提供誘引販売取引
　　「仕事を提供するので収入が得られる」と誘引し，仕事に必要であるとして，商品等を売って金銭負担を負わせる取引

→ 商品・役務等の内容を問わず規制の対象となる

図2　特定商取引法の対象となっている取引類型

定している（図2）。

　訪問販売は，自宅や集会所など，店舗等以外の場所で契約の申し込みを受ける商取引のほか，道路で客を呼び止めて店に連れて行って契約させるいわゆるキャッチセールスも含んでいる。

電話勧誘販売は，事業者から電話をかける商法とともに，「抽選に当たった」というはがきを出すなどして消費者から電話をかけさせる商法も含む。

通信販売は，カタログ販売のほか，インターネットによる通信販売も含む。

これらの商取引で，政令で指定された商品，役務（サービス）または権利を販売すると，特定商取引法による規制を受けることになる。

特定継続的役務提供は，エステ，語学教室，家庭教師，学習塾，パソコン教室，結婚相手紹介サービスで，2か月（エステは1か月）を超える期間継続し，5万円を超える契約が対象となっている。

連鎖販売取引は，マルチ商法，ネットワークビジネス，マルチレベルマーケティングと呼ばれることもある。商品・役務の限定はない。

業務提供誘引販売取引は，仕事をあっせんするからそのために必要と言ってパソコンや研修テキストなどを売るもので，内職商法やモニター商法とも呼ばれる。これも，商品・役務の限定はない。

これらの商取引のほか，申し込んでいない商品を一方的に送りつけて代金を請求してくる，いわゆる「ネガティブ・オプション」についても，商品が送られたまま購入を承諾せずに14日過ぎれば販売業者は商品の返還を請求できないという規定がある。

③ 規制の概要

特定商取引法の規制は多岐にわたるが，通信販売，訪問販売・電話勧誘販売，連鎖販売取引を例にとってごく大ざっぱに示したのが表2，規制の内容につい

表2 特定商取引法による主な規制

	通信販売	訪問販売・電話勧誘販売	連鎖販売取引
・事業者の名称明示，勧誘目的明示，書面交付等の義務 ・不当な勧誘（うそ，迷惑勧誘等）の禁止	（勧誘なし）	○	○
誇大広告の禁止	○	（広告なし）	○
クーリング・オフ	（なし）	8日以内	20日以内（中途解約も規定あり）

表3　特定商取引法の規制内容

① 行政規制		
事業者に対して，消費者への適正な情報提供等の観点から，各取引類型の特性に応じて，以下の規制。違反に対しては，業務改善の指示，業務停止の行政処分または罰則。		
ⅰ）氏名等の明示の義務づけ 　勧誘開始前に，事業者名，勧誘目的である旨などを消費者に告げることを義務づけ		ⅲ）広告規制 ① 広告をする際には，重要事項を表示することを義務づけ ② 虚偽・誇大な広告を禁止
ⅱ）不当な勧誘行為の禁止 　不実告知（虚偽説明），重要事項（価格・支払条件等）の故意の不告知や威迫・困惑を伴う勧誘行為等を禁止		ⅳ）書面交付義務 　契約締結時などに，重要事項を記載した書面を交付することを義務づけ
② 民事ルール		
消費者が意に反する契約により不当な損害を受けないよう，消費者による契約の解除，意思表示の取消し等を認め，また，事業者による法外な損害賠償請求を制限する等のルールを定める。		
ⅰ）クーリング・オフ 　契約後一定の期間（8日間または20日間），冷静に再考して，無条件で解約できる機会を消費者に与える制度	ⅱ）意思表示の取消し 　事業者が不実告知や重要事項の故意の不告知等の違法行為を行った結果，消費者が誤認して契約の意思表示をした場合，その取消しを可能とする制度	ⅲ）解約時の損害賠償制限等 　消費者が契約を中途解約する際に，事業者が請求できる損害賠償額の上限を設定等

てもう少し書き込んだのが表3である。

　行政規制の基本となる考え方は，「事業者は消費者に正しい情報を適切に伝えなければならない」ということである。通信販売では，たとえば誇大広告の禁止がこれに当たる。訪問販売や電話勧誘販売では，不実告知，つまりうそをつくことや，「点検に来ました」等と言って販売目的を隠して訪問すること，長時間にわたる勧誘など迷惑な勧誘をすることなどが禁じられる。

④ クーリング・オフと契約解除

　特定商取引法の民事ルールで最も重要なクーリング・オフの基本的な考え方は、「消費者は一定の期間なら契約を解除できる」ということである。たとえば指定商品の訪問販売や電話勧誘販売で代金が3千円以上であれば、はがきなどに必要な事項を書いて（図3），クーリング・オフができることなど法律で定められた事項を記載した書面を受け取った日から8日以内に出せば，購入を解除できる。

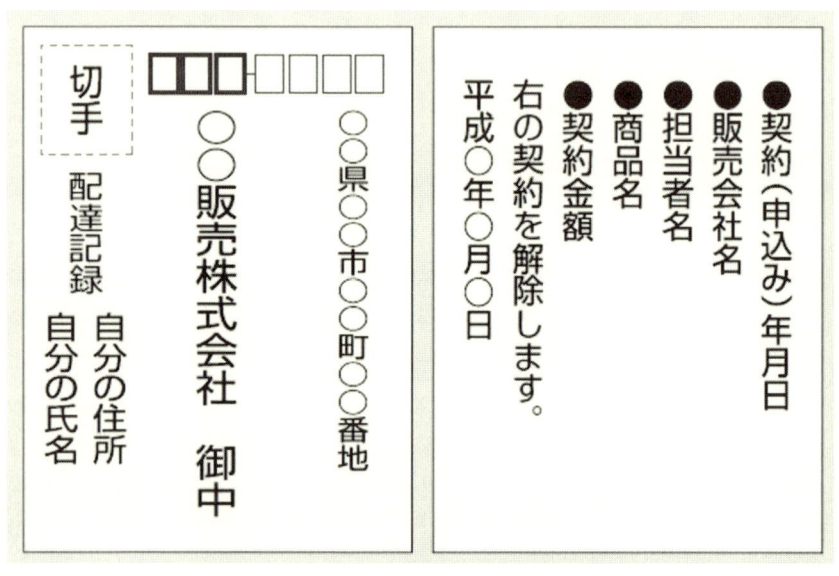

図3　クーリング・オフのはがき記入例

　クーリング・オフのはがき等は、証拠としてコピーをとり、郵便局窓口で配達記録や簡易書留扱いとし、配達記録郵便物受取証などの出した日付がわかる書類を保存する。クーリング・オフは書面を発信すれば成立する。はがきのコピーと出した日付の証拠があれば、仮に事業者が「はがきを受け取っていない」と言っても事業者の主張は認められない。クーリング・オフ期間は、訪問販売、電話勧誘販売、特定継続的役務提供は8日間、連鎖販売取引、業務提供誘引販売取引は20日間である。

クーリング・オフの期間が過ぎた場合でも，次のような場合はクーリング・オフができる。
・受け取った書類に，法律で決められた通りにクーリング・オフについての注意書きをしていないなどの不備がある。
・事業者が「クーリング・オフはできない」とうそを言ったために，できないものだと誤解して期間が過ぎた。
・事業者が，クーリング・オフをさせないよう脅したりしたために，怖くなって期間が過ぎた。

クーリング・オフ期間が過ぎた場合でも，契約の解除はできる。これに関して，以下のような規定がある。
・訪問販売，電話勧誘販売，業務提供誘引販売では，契約解除で事業者から請求される違約金（損害賠償）等の額について，上限が決められている。
・連鎖販売取引では，法律に基づく中途解約ができる。さらに，加入して1年未満であれば，購入後90日未満の未使用の商品は返品でき，この商品を販売した人は，違約金の定めがある場合でも，購入価格の1割に法定利率による遅延損害金を足した額以上は請求できない。
・特定継続的役務提供でも，法律に基づく中途解約ができる。この場合，事業者は，既に提供された役務の対価に相当する額と法令で定めた損害額に法定利率による遅延損害金を足した額以上は請求できない。

自治体の消費生活センターや経済産業省または各地の経済産業局の消費者相談室でも，相談に乗ってくれる。

（2）特定商取引法の通達改正
① 電話機リース

主として消費者保護のための法律である特定商取引法は，営業のために購入する事業者同士の取引には適用されない。これを悪用した事業者が，実質的には廃業しているような高齢の個人事業者等を訪問し，電話機の極めて高額なリース契約を屋号などを使って結ばせていた。そこで2005（平成17）年12月6日，悪質な電話機等リースの訪問販売について通達を出し，事業者名での契約であっても，主として個人用や家庭用の電話として契約した場合には，営業の

ために契約したものではないため，特定商取引法が適用されることを明確化した。また，たとえばリース提携販売のように，一定の仕組みの上での複数の者による勧誘・販売等であるが，総合してみれば1つの訪問販売を形成していると認められるような場合には，いずれも販売業者に該当することを明示した。

② インターネット・オークション

特定商取引法では，通信販売の広告を行う事業者に氏名・住所や取引条件等の表示義務を課している。インターネット・オークションの出品者には事業者と非事業者が混じっており，どれくらい出品すると事業者としての義務を負うかについて，明確化することが求められていた。そこで，2006 (平成18) 年1月30日には，インターネット・オークションでどれくらい出品すると「通信販売業者」に当たるかについて，ガイドラインを策定し，通達を出した。本ガイドラインでは，たとえば過去1か月間の落札額の合計が100万円以上である場合や，同一のCDを一時点で3点以上出品している場合などは，事業者に該当すると考えられることを示している。

（3）今後の制度改正に向けた議論
① 指定商品・役務の追加等

前述のように，訪問販売や電話勧誘販売は，政令で指定された商品や役務（サービス）のみが特定商取引法の対象となっているが，指定商品・役務以外の悪質商法で増加しているものがある。たとえば，味噌や醤油等の調味料の訪問販売や，占いをしたあとに消費者の不安をあおって助言やいわゆる祈祷等を行う商売である。また，「海外先物オプション取引」や「ロコ・ロンドン取引」と呼ばれる取引の仲介をするという訪問販売や電話勧誘販売でも，多くの消費者相談が寄せられている。これらを政令で指定商品・役務に追加すべきではないかという論点で，2007 (平成19) 年3月，消費経済審議会特定商取引部会に大臣から諮問され，検討が行われた。

また，この指定商品・役務の追加が政令改正で行われる場合，これにあわせて，これまでは国から自治体に委任されていなかった電話勧誘販売と通信販売についても委任すべきではないかという論点でも，検討が行われた*。

　* この後，これらにつき政令が改正され，2007 (平成19) 年7月から施行された。

② 特定商取引法と割賦販売法

訪問販売などで高額の契約が結ばれるとき，現金による支払いではなく割賦販売による契約が行われることが多い。一人の消費者に何回もの訪問販売で多くの商品が売りつけられることを「次々販売」と呼ぶことがあるが，これにより高齢者が支払いきれない債務を負った例もある。割賦販売については割賦販売法という法律があるが，現在の特定商取引法と割賦販売法の規制が悪質商法を防ぐ上で十分かどうかという論点がある。これについて，2007（平成19）年2月に開催された産業構造審議会割賦販売分科会・消費経済部会第1回合同会合から，検討が始まった。

2-3 特定商取引法執行の強化と悪質商法の手口

特定商取引法に基づく悪質事業者への行政処分は，近年急速に増加してきた（表4）。国や多くの都道府県で執行が進んでいる一方，未だに1件の業務停止命令も指示処分も行ったことのない府県もある。以下では主要な処分事例を取り上げ，悪質商法の手口と特定商取引法の規制について解説する。

(1) 訪問販売
① 住宅設備等

国は2005（平成17）年8月に，「西日本基礎㈱」に対して業務停止命令を出した。この事業者は，比較的古い住宅に住んでいる高齢者宅を訪問し，「下水道の無料点検に来た」などと販売目的を隠して家に上がり込んだ後，勧誘を行った。これは，「勧誘目的の明示義務」の違反行為に当たる。また，その後，「柱が腐っているのでこのままでは地震が来たら家が倒れる」等のうそを言って，不必要な工事や調湿剤の散布などをしていた。これは，「不実告知」という禁止行為に当たる。さらに，何度も断わる顧客に執拗に契約を迫るなど，「迷惑勧誘」という禁止行為も行っていた。この事業者の関連会社である「西日本基礎京滋㈲」に対しては，同年7月に滋賀県が指示処分を行っている。

この分野では，都道府県の連携による処分もいくつか行われている。たとえば岩手県と秋田県は，2005（平成17）年10月と11月に「㈱日総ハウス」に指示処

表4 特定商取引法に基づく行政処分件数

(単位：件)

		1996年度		97年度		98年度		99年度		2000年度		01年度		02年度		03年度		04年度		05年度		06年度		合計	
		業務停止命令	指示	業務停止命令	指示	業務停止命令	指示	業務停止命令	指示	業務停止命令	指示	業務停止命令	指示	業務停止命令	指示	業務停止命令	指示	業務停止命令	指示	業務停止命令	指示	業務停止命令	指示	業務停止命令	指示
合計		2	0	1	8	0	12	0	5	0	4	1	12	2	7	0	7	10	6	22	13	25	5	61	77
経済産業省		2	0	0	0	0	0	0	0	0	0	0	0	0	0	0	0	0	0	3	0	11	0	14	0
都道府県						東京1		静岡2		静岡3 長崎1		静岡3 東京3 宮崎1		東京9 静岡4 山梨1 新潟1 神奈川1		東京10 静岡4 神奈川4 埼玉1 山梨1 愛知1 北海道1 埼玉1		東京9 静岡3 石川2 神奈川2 埼玉1 熊本1 北海道1 千葉1 愛知1 島根1		静岡2 東京1		東京4 埼玉3 静岡2 滋賀2 石川2 福岡2 青森2 熊本2 佐賀2 神奈川2 秋田2 岩手2 山梨1 愛知1 広島1 熊本1 兵庫1 千葉1 大阪1 鳥根1 青森1		東京4 埼玉3 静岡2 香川1 愛媛1 青森1 秋田1		東京13 静岡5 福岡4 滋賀1 石川1 熊本1 神奈川1 千葉1 埼玉1 大阪1 愛知1 石川1 新潟1 滋賀1 岐阜1 兵庫1		東京53 静岡28 北海道7 埼玉10 神奈川9 石川7 愛知4 千葉4 熊本4 岩手4 山梨3 滋賀3 大阪3 新潟2 兵庫2 福岡2 佐賀2 島根2 宮城1 長崎1 広島1 青森1 岐阜1	

*経済産業省は，2002（平成14）年2月から，特定商取引法を強化し，指示をした段階で事業者名を原則公開することとした。なお，従前から業務停止命令をした場合には，公表しなければならないものとされている。

分を行った。東京都，神奈川県，埼玉県，千葉県は，2005（平成17）年2月，「㈱新日本住宅管理サービス」に指示処分を出した。いずれも住宅リフォームの訪問販売で，不実告知，勧誘目的等不明示，迷惑勧誘等の法令違反がみられた。

 2005（平成17）年11月に静岡県から都道府県初の業務停止命令が出されたが，この対象も住宅リフォーム関連の訪問販売である。対象となったのは，2003（平成15）年に静岡県から指示処分を受けていた「㈱サンメイクス」と「㈲昇栄住宅設備」である。「下水の点検に来た」等と言って家に上がり込み，「風呂場の下が腐っていてシロアリがいる」等と言って不安をあおり，床下換気扇や調湿剤の契約をさせていた。

 2006（平成18）年7月に国が処分を行った「㈱サニックス」は，「無料でシロアリの点検をする」等と言って家に入り，「これがシロアリが食った跡」「床下の湿気が多いので湿気を取るのに換気扇を付けた方がいい」等とその説明をして，実際には必要のないシロアリ駆除や防湿工事などをさせていた。また，この事業者は，認知症などによる消費者の判断力の不足に乗じて契約を結ばせたり，年金生活でお金がないと言っている高齢者に執拗に勧誘するなど，顧客の財産の状況に照らして不適当な勧誘を行っていた。これらは，それぞれ「判断力不足者契約」，「適合性原則違反勧誘」と呼ばれる法令違反行為である。

 点検と偽って家に入る手口は多い。国が2006（平成18）年7月に業務停止命令を出した「㈱近畿設備大阪本社」「㈱近畿設備東京本社」も，「給気口フィルターの点検に来た」等と言って家に入り，「このマンションの管理会社の許可をもらっている」等と偽って，迷惑勧誘を行っていた。国が2006（平成18）年10月に業務停止命令を出した「サンライズコーポレーション㈱」は，「水の点検に回っている」と言って家に入り，水道水に含まれる塩素が試薬に反応して色が変わるのを見せて「このまま飲み続ければ病気になる」等と不安をあおり，「糖尿病やアトピーに効果がある」等の不実告知をし，さらに迷惑勧誘もしていた。

② 電話機リース

 2006（平成18）年7月，国は，電話機のリース訪問販売を行っていた「㈱メディアサポート」に対して業務停止命令を出した。この事業者は，小さな店はあっても電話は主に個人で使っている人や，もう既に廃業した人などを訪問し，

「もうすぐ黒電話は使えなくなる」,「うちの電話にしたら電話料金が安くなる」等の不実告知をしていた。また,この契約が新たな電話機リース契約であることやリース料金をきちんと知らせない「重要事項不告知」という法令違反も行っていた。電話回線を確認するなどのうそを言って訪問する「勧誘目的等不明示」や,年金生活者に対してその知識や経験に照らして不適当な勧誘を行う「適合性原則違反勧誘」もみられた。さらに,契約した時点では営業しておらず事業者としての実態がない顧客に事業者名で契約を結ばせる「契約書面への虚偽記載」もみられた。

③ 布　　　団

2006（平成18）年6月,東京都は布団の訪問販売を行っていた「㈲リバイタル・アフター」に対して業務停止命令を出した。この事業者は,布団のクリーニングだと言い後日「あの布団は洗えなかったから」と古い布団を返さず新しい布団の購入を勧める等の不実告知や重要事項不告知を行っていた。また,高齢者や判断力が弱い相手に高額な布団の勧誘を行い,クーリング・オフ妨害も行っていた。特定商取引法に基づく指示処分を経ずに行う業務停止命令は,国は従来から行ってきたが,自治体からはこの処分が初めてである。

布団の訪問販売については,2007（平成19）年2月,秋田県と青森県が連携して「ユニバーサルジャパン」に対して業務停止命令を出した。この事業者は,持参した羽毛を飛び散らせて「布団が破れているから新しい布団と交換しなければならない」と言うなどの不実告知,迷惑勧誘,売買書面不交付などの違反を行っていた。

布団については,いわゆる催眠商法に対する処分も行われた。2006（平成18）年11月には香川県が,「㈲ジブリコーポレーション」に対して業務停止命令を出した。この事業者は,スーパーマーケット等周辺の空き店舗や仮設のテントを販売会場に設定し,主に高齢者をくじ引きなどの名目で呼び集め,主たる取引の目的である商品（布団）以外の商品を無償で提供することにより不当に消費者の購買意欲をあおり,その合理的な判断を妨げて,布団の売買契約の締結を勧誘していた。この事業者に対しては,愛媛県も,2007（平成19）年1月に業務停止命令を出している。いずれも,販売目的不明示,威迫・困惑,勧誘目的を告げずに公衆の出入りする場所以外での勧誘,迷惑勧誘の違反が認められた。

④ 教　　材

　2007（平成19）年3月，国は，小中学生用の学習教材の訪問販売を行っていた「㈱ベスト教育社」と，同社によって設立された「㈱カスタム教育出版」，「㈱アドバンス教育センター」に対して業務停止命令を出した。これらの事業者は，「学力を試してみて」「子どもさんの勉強方法についてお話したい」等と告げるのみで勧誘目的であることを示さず，「確実に点数がとれる」等の不実告知を行い，長時間にわたるなど迷惑な勧誘を行っていた。

⑤ 化　粧　品

　2007（平成19）年1月，東京都は，化粧品のキャッチセールスに業務停止命令を出した。若い男性が渋谷で主に未成年の女性に「無料でネイルをやらない？」等と言って店舗に連れて行き，「このままでは皮膚病になる」等と不安をあおり，モニターの会費であるかのように認識させたまま，貸金業者から借金させて約30万円の化粧品を販売していた。販売目的隠匿，不実告知，勧誘目的を告げずに公衆の出入りしない場所での勧誘，適合性原則違反勧誘等の違反が認められた。なお，東京都は，この貸金業者に対して東京都消費生活条例に基づく勧告を行った。

（2）通信販売
① 健康食品等の新聞折り込み広告

　2005（平成17）年11月に国から業務停止命令を出した「㈱アサヒ産業」は「鈴蘭沙棘（すずらんサジー）」などと称する果汁の通信販売で，全国で合計3億8千万枚以上の新聞折り込み広告を出し，これを飲んで痩せたという体験談などを載せていた。そこで，2004（平成16）年に改正された特定商取引法の規定を適用し，事業者に対して広告で表示された痩身効果の合理的根拠を求めたところ，提出された資料は合理的根拠を示すものとは認められなかった。たとえば，広告の「体験談」の中にはさまざまな人の写真や名前が掲載されていたが，それぞれの人の「体験」についての具体的根拠は示されなかったため，この広告は特定商取引法違反の「虚偽，誇大広告」であると判断した。また，この広告では効果を実感できない場合は特段の条件を課すことなく代金の返金に応じるかのような表示をしていたが，実際に返金を申し出た顧客に対してはさまざまな

返金条件を課していた。これは,「広告表示義務違反」に当たる。

② 広告メールの表示問題

いわゆる迷惑メールのうち,商品やサービスなどを販売するための広告メールであれば,通信販売として特定商取引法の規制対象となる。

たとえば,2007 (平成19) 年3月に国が業務停止命令を出した「アイニィティプランニング」という出会い系サイトの通信販売では,広告メールの件名の最初に表示が義務づけられている「未承諾広告※」を表示していなかった。また,通信販売の未承諾広告では,事業者の名前や住所,電話番号,責任者名等を表示する必要があるが,これも表示していなかった。さらに,実際には有料であるのに「完全無料」と広告したり,サイト上で契約の申し込みを受ける際,顧客が申し込み内容の確認及び訂正を行うことができるようにしていなかった。

③ インターネット・オークション

インターネットのオークションで,2006 (平成18) 年1月に発表した基準に照らして事業者と考えられるのに,特定商取引法で義務づけられた表示を行っていない出品者がある。これらについては,出品者のIDを公表することとしており,2006 (平成18) 年7月,初めての公表を行った。また経済産業省から「metipatrol」というIDで,オークションの運営事業者が設けているいわゆる質問機能を利用して,表示の是正について注意喚起を行っている。

④ 国際協力

悪質商法関係の法執行について国際的な協力を行う組織として,「国際消費者保護執行ネットワーク (International Consumer Protection and Enforcement Network : ICPEN)」がある。本会合は年に2回開催されるが,最近では2006 (平成18) 年10月22日から24日にかけてポーランドのワルシャワで開かれた。ここでは,これまでオブザーバー国であった中国とアゼルバイジャンが,正式メンバー国となることについて承認された。

ここでの情報交換は通信販売に限られないが,重要な課題となっているのが,迷惑メール等のインターネットによる消費者被害の防止策である。インターネットを使った悪質商法は国境を越えて行われており,国際的な連携が特に有益な分野である。

なお,2006 (平成18) 年の会合では,欧州委員会が2005 (平成17) 年に採択し

た「消費者に対する不正商行為（Unfair Commercial Practice）」の新指令についての紹介もあった。

（3）電話勧誘販売
① 資格教材

最近多いのは，資格教材に関係するものである。たとえば，2006（平成18）年3月に国から業務停止命令を出した「マナサプライ㈱」，「㈲アバンギャルド」という2つの事業者は，「通信教育管理センター」，「経営管理指導センター」と名乗って，教材の電話勧誘をしていた。以前別の通信教育を受講した消費者に，あたかも以前の講座がまだ終了しておらず，終了させるためには新たな資格教材を購入しなければならない契約になっているかのように言う「不実告知」を行っていた。また，これらの企業は，消費者が契約を結ばない旨の意思表示をしたにもかかわらず，引き続き勧誘を行っていた。これは，特定商取引法による「再勧誘の禁止」に違反する。また，何度も執拗に勧誘したり，長時間にわたって勧誘するなどの「迷惑勧誘」も行っていた。会社の正式名称を告げない「氏名等の不明示」，会社の担当者名にも偽名を使って書面を交付する「虚偽書面の交付」も行っていた。

その後も，国は，2006（平成18）年4月には「全国経営者研究所㈱」と「ウィルジャパン㈱」，6月には「㈱ジャパン・カルチャーセンター」，9月には「ジャパンリーディングエンタープライズ」，10月には「グローバルアソシエイツジャパン㈱」，12月には「㈱テクノビジネス」，2007（平成19）年2月には「㈲グランディアフォアネット」，3月には「㈲ジェルメコーポレーション」という事業者に対して業務停止命令を出している。いずれもビジネス教材，パソコン関連教材等の電話勧誘販売で，以前の契約を終了するためには新たな教材を購入する必要がある等の不実告知その他の特定商取引法違反が認められたものである。

② 叙勲関係

2007（平成19）年1月，国は，叙勲記念品等の電話勧誘業者「叙勲文化社こと㈱清風社」に対して業務停止命令を出した。㈱清風社は，国から叙勲や褒章を受けた人の名簿等を基に電話をかけ，勧誘目的であることを告げず，あたかも必ず購入しなければならないかのような不実告知を行う等の違反を行ってい

た。

（4）特定継続的役務提供

2005（平成17）年12月に国が業務停止命令を出した家庭教師の派遣「㈱ライフブリッヂ」は，正式名称を告げず「東京学参グループ学生家庭教師会」等と名乗って勧誘し（「名称の不明示」という違反），契約内容を明らかにした書面を交付せず，または交付しても中途解約ができること等を記載していなかった（「書面不交付」または「交付書面の不備」という違反）。また，役務提供に併せて行った教材の訪問販売でも，代金の返金拒否やクーリング・オフができないという不実告知等の違反を行っていた。

2007（平成19）年3月に国が業務停止命令を出した「㈱学研GIC」と「㈲学伸舎」も，実際には満足な個別指導が受けられないにもかかわらず「一対一の個別指導付きである」等と不実告知の違反を行っていたほか，書面不交付，交付書面の不備等の違反があった。

自治体による処分も行われている。たとえば，2005（平成17）年3月には島根県から結婚相手紹介サービス「㈱美豊」に，2006（平成18）年3月には東京都からエステの「㈲TAM」に，それぞれ指示処分が出された。

（5）連鎖販売取引

国は2005（平成17）年11月，健康食品，化粧品等の連鎖販売を行っていた「㈱アリックス」とその勧誘者5名を処分した。彼らは，勧誘する時，「誰にでもできる仕事」「必ず儲かる」など，仕事は容易で誰でも高額な収入が得られるかのような「利益に関する不実告知」や，利益が確実に得られると誤解させるような「利益に関する断定的判断の提供」という違反行為をしていた。長時間にわたって執拗に勧誘する「迷惑勧誘」も行っていた。また，相手に交付した取引の内容を記載した書面に「一部使用したり，消費した場合はクーリング・オフはできなくなる」等と虚偽の内容を記載していた。実際は，商品を一部使用・消費しても連鎖販売契約のクーリング・オフは可能である。このような違反が認められたことから，会社に対しては業務停止命令，5名の勧誘者には指示処分を出し，記者発表や経済産業省のホームページで，個人名も公表した。

2007（平成19）年3月には，教材ビデオの連鎖販売を行っていた「㈱ISM（イズム）」とその勧誘者3名に，国から同様の処分を行った。

連鎖販売取引に対する処分は，自治体からも行われている。2006（平成18）年3月には東京都から「㈱ウィーズインターナショナル」という健康食品，化粧品等の連鎖販売取引に対して業務停止命令が出された。2004（平成16）年度に東京都から出されていた指示に従わず，簡単に儲かるように言って，長時間迷惑勧誘を行っていたものである。

2006（平成18）年12月には北海道が，「㈱ジーラックス」というフットバスの連鎖販売取引に対して業務停止命令を出した。「足から毒素を出す機械だ」「絶対売れる」等の不実告知，契約締結目的であることを告げずに公衆の出入りする場所以外で勧誘，資金のない学生を勧誘し消費者金融からの借り入れを勧めるという適合性原則違反，書面交付義務違反等が認められた。福岡県は，2005（平成17）年4月，「㈱フレックスライフ」という健康機器，美容関連機器の連鎖販売取引に対して，指示処分を出した。

（6）業務提供誘引販売取引

国は2006（平成18）年2月，模擬試験の添削やパソコンによるデータ入力等の在宅ワークを紹介し，そのためには教材を購入して学習する必要があるとして数十万円の教材を販売していた5社に対し，業務停止命令を出した。「月に7～8万円の収入がある」，「試験は誰でも合格できる」，「クーリング・オフはできない」等の「不実告知」，「勧誘目的不明示」，「迷惑勧誘」の違反が認められた。2006（平成18）年12月には，類似の商法で教材販売を行っていた「㈱テクノサイエンス」に対して国から業務停止命令を出した。

2－4 製品安全にかかわる法律

（1）製品安全四法

製品安全に関しては，「消費生活用製品安全法」，「電気用品安全法」，「ガス事業法」，「液化石油ガスの保安の確保及び取引の適正化に関する法律」という4つの法律がある。これらは合わせて「製品安全四法」と呼ばれることがあり，

それぞれの規制対象製品について，以下のような事項を主な内容としている。

　a．規制対象製品の製造または輸入を行う事業者は，製品が技術基準に適合していることを確認．

　b．特に安全性の確保が求められる製品は，国に登録された検査機関での検査が必要．

　c．表示がない対象製品は，販売してはならない．

　d．行政は，法律で定められた条件を満たす場合，報告徴収，立入検査，回収命令等を行うことができる．

上記a．，b．の対象製品と表示のマークは，法律ごとに以下のように定められている．

① 消費生活用製品安全法

　a．「特定製品」：以下の3品目

　・乗車用ヘルメット・家庭用圧力なべ及び圧力がま

　・登山用ロープ

　b．「特別特定製品」：以下の3品目

　・ベビーベッド

　・レーザー応用装置（レーザーポインター等）

　・浴槽用温水循環器（ジェット噴流バス，24時間風呂等）

② 電気用品安全法

　a．「特定電気用品以外の電気用品」：以下を含む338品目
電気ストーブ，アイロン，冷蔵庫，テレビ，洗濯機，扇風機，電気スタンド，コンセント付き家具等

　b．「特定電気用品」：以下を含む115品目
ACアダプタ（直流電源装置），ヒューズ，携帯用発電機，ポンプ，コンセント，ディスポーザー等

③ ガス事業法

　a．「特定ガス用品以外のガス用品」：以下の3品目

　・ガス瞬間湯沸器（開放式，密閉式，屋外式）

　・ガスストーブ（開放式，密閉式，屋外式）

・ガスバーナー付ふろがま（密閉式，屋外式）

「開放式」は，ガスが燃焼した排気をそのまま屋内に出すもので，消費者が自ら換気扇を回すなどして換気する必要がある。「密閉式」は自動的に屋外から給気して屋外に排気するもの，「屋外式」は燃焼機器自体を屋外に設置するもので，いずれも消費者自らが換気する前提ではない。

　b．「特定ガス用品」：以下の4品目
・ガス瞬間湯沸器（半密閉式）
・ガスストーブ（半密閉式）
・ガスバーナー付ふろがま（半密閉式）
・ガスふろバーナー

「半密閉式」は，屋内の空気を使って燃焼した後，排気を自動的に屋外に出すものである。

④ 液化石油ガスの保安の確保及び取引の適正化に関する法律

　a．「特定液化石油ガス器具以外の液化石油ガス器具等」：以下を含む8品目
・液化石油ガス用瞬間湯沸器（開放式，密閉式，屋外式）
・液化石油ガス用バーナー付ふろがま（密閉式，屋外式）
・液化石油ガス用ストーブ（開放式，密閉式，屋外式）

　b．「特定液化石油ガス器具等」：以下を含む7品目
・液化石油ガス用瞬間湯沸器（半密閉式）
・液化石油ガス用バーナー付ふろがま（半密閉式）
・液化石油ガス用ふろバーナー
・液化石油ガス用ストーブ（半密閉式）

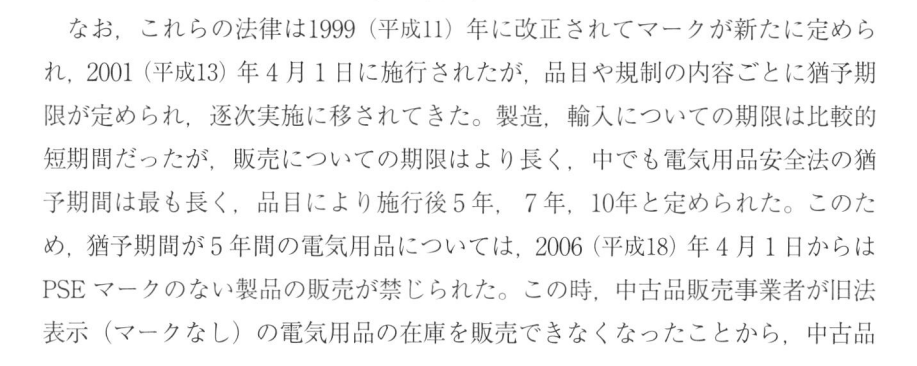

なお，これらの法律は1999（平成11）年に改正されてマークが新たに定められ，2001（平成13）年4月1日に施行されたが，品目や規制の内容ごとに猶予期限が定められ，逐次実施に移されてきた。製造，輸入についての期限は比較的短期間だったが，販売についての期限はより長く，中でも電気用品安全法の猶予期間は最も長く，品目により施行後5年，7年，10年と定められた。このため，猶予期間が5年間の電気用品については，2006（平成18）年4月1日からはPSEマークのない製品の販売が禁じられた。この時，中古品販売事業者が旧法表示（マークなし）の電気用品の在庫を販売できなくなったことから，中古品

販売事業者であっても，製造事業者の届出を行い，基準適合義務を履行した場合には，PSE マークを付し，製品を販売できることとした。また，中古品販売事業者に対して届出の簡易化，検査機器の無料貸出しを行うとともに，レンタルは規制対象外であることの周知徹底と，ビンテージ品は PSE マークなしでの販売を認める特別承認制度の実施等の対策を講じた。

（2）家庭用品品質表示法

家庭用品品質表示法は，消費者が品質を見分ける必要性が高いにもかかわらず見分けにくいものを「品質表示の必要な家庭用品」として指定し，統一した表示のあり方を「表示の標準」として定めている。表示を行うのは，製造業者，販売業者，またはこれらから表示の委託を受けて行う表示業者となっている。

指定された品目には，以下のようなものがある。

- ・繊維製品：糸，織物，ズボン，靴下等
- ・合成樹脂加工品：洗面器，水筒，食器等
- ・電気機械器具：冷蔵庫，洗濯機，掃除機，テレビ等
- ・雑貨工業品：かばん，なべ，合成洗剤，漂白剤等

「表示の標準」には，成分，性能，用途，取扱い上の注意などの表示すべき事項が「表示事項」として定められ，表示する上で守らなければならない事項が「遵守事項」として定められている。定められた表示をしない事業者には，国や地方自治体から指示をすることができる。また。国や地方自治体は，この法律の執行のために立入検査や報告聴取等を行うことができる。

表示にはさまざまなものがあるが，たとえば繊維関係で，右の表示は「液温は40℃を限度とし，洗濯機による洗濯ができる」という意味である（40℃の液温が適切という意味ではない）。

合成樹脂加工品では，たとえば食器なら，原料樹脂，耐熱温度，取扱い上の注意（「火のそばに置かないでください」等），表示者名，住所または電話番号を表示する。

電気機械器具では，使用上の注意と表示者名に加え，たとえば電気冷蔵庫なら，JIS で定められた方法で測った消費電力量と容量，寸法を表示する。

雑貨工業品では，たとえば塩素系の漂白剤なら，「まぜるな危険」「塩素系」

と指定された目立つ色，形で表示し，以下を表示する。
- ・酸性タイプの製品と一緒に使うと有害な塩素ガスが出て危険であること
- ・目に入ったときは，すぐに水で洗うこと
- ・子どもの手に触れないようにすること
- ・必ず換気を良くして使用すること

（3）消費生活用製品安全法の改正

　消費生活用製品安全法が2006（平成18）年12月改正された（2007（平成19）年5月14日に施行）。この改正により，メーカーや輸入事業者が自社製品の使用に伴い重大な製品事故が発生したことを知ったときは，国（経済産業省製品安全課）に報告しなければならない。小売販売事業者，修理事業者，設置工事事業者は，販売，修理，設置した消費生活用製品について重大事故が起きたことを知ったときは，その製品の製造事業者か輸入事業者に通知するよう努めなければならない。また，販売事業者の回収等への協力についても定められている。詳細は，経済産業省ホームページ参照（http://www.meti.go.jp/）。

　事故報告を受けた国は，その事故の内容等を公表する。

　「消費生活用製品」とは，主として一般消費者の生活の用に供される製品で，食品，医薬品，道路運送車両等を除くものである。重大製品事故とは，死亡，重傷または後遺障害，一酸化炭素中毒事故，火災（消防が火災と認定したもの）を起こした事故である。包丁で他人を刺した場合の包丁など，明らかに製品起因でない事故は報告対象から除かれる。

　なお，重大事故以外の事故情報については，従来通り，独立行政法人製品評価技術基盤機構（NITE）が収集，提供する。

2−5　製品事故から身を守るために

（1）製品事故への対応
① 一酸化炭素中毒事故

　2005（平成17）年の1月から11月にかけて，松下電器産業㈱製の石油温風暖房機で4件の一酸化炭素中毒事故が起きた。このため11月29日，国は，1985（昭和60）年から1992（平成4）年にかけて製造した石油温風暖房機から一酸化炭素が漏洩する危険があるとして，その回収または点検・改修，危険性の周知等の必要な措置をとるよう緊急命令を出した。これは，消費生活用製品安全法に基づく緊急命令が，法制定以来初めて執行されたものである。

　その後松下電器産業㈱は，それまでも行っていた当該製品のリコールを格段に強化した。国も，リコールの周知に努め，たとえば石油販売関係者などに協力を依頼した。また，独立行政法人製品評価技術基盤機構（NITE）に事故原因の究明を依頼し，2006（平成18）年7月4日，ゴム製の給気ホースの劣化等が原因という調査結果を発表した。

　2006（平成18）年7月14日，国は，パロマ工業㈱製の半密閉式瞬間湯沸器のうち4機種について排気ファンの作動不良により一酸化炭素中毒が起きていたことを発表した。同時に，パロマ工業㈱，都市ガス事業者，LPガス事業者に対し，この4機種と類似の機種を加えた7機種について点検を行うよう指示した。また，これらの機種を使用する消費者に対し，排気ファンの作動を確認するよう注意喚起した。

　その後，国はパロマ工業㈱に立入検査等を行って事故原因を調査し，2006（平成18）年8月28日，「製品安全対策に係る総点検結果とりまとめ−パロマ工業㈱製ガス瞬間湯沸器による一酸化炭素中毒事故への対応を踏まえて−」を発表した。また同日，パロマ工業㈱に対して，製品の点検及び回収，消費者への注意喚起等を行うよう，消費生活用製品安全法に基づく緊急命令及び経済産業大臣による厳重注意を出した。

　2006（平成18）年12月14日，㈱トヨトミ製の石油ファンヒーターを使用していた8人が一酸化炭素中毒になり7人が死亡する事故が起きた。このため国は12

月18日に報告徴収を行う等して原因を調査したところ，この機器は製造後20年以上経ったもので，フィルターがほこりで詰まっており不完全燃焼を起こしたことがわかった。

2007（平成19）年2月7日，リンナイ㈱製の開放式小型ガス湯沸器を換気せずに使用して一酸化炭素中毒事故が起きた。国はこの事故を発表し，開放式のガス湯沸器を使用する際は必ず換気するよう，消費者へ注意喚起を行った。また，2月23日には，消費者への注意喚起，安全基準の厳格化等を内容とする「ガス機器等燃焼機器による一酸化炭素中毒等の防止強化策について」を発表した。

メーカーやガス事業者等も，一酸化炭素中毒事故防止の取り組みを強めている。消費者への注意喚起のほか，小型ガス湯沸器は，希望すれば無料で点検することとしている。

② シュレッダーによる子どもの指切断

2006（平成18）年8月23日，家庭内で使われていたシュレッダーで子どもが指を失う事故が発生していたことを受け，国は業界団体に再発防止策の検討及びシュレッダーによる過去の事故発生状況の調査を依頼するとともに，消費者に注意喚起を行った。その後，関係事業者による製品の改修等が行われた。10月20日，国は調査結果を公表するとともに，幼児の指が入らないよう，電気用品安全法に基づく技術基準を改正する手続きを行っている。

③ 電気ストーブのリコール

電気ストーブによる事故が多発したため，国は2006（平成18）年12月22日，電気ストーブのリコールについて発表し，注意喚起を行った。独立行政法人製品評価技術基盤機構の情報によると，電気ストーブの事故は2005（平成17）年度に138件発生しており，リコールはこの時点で16社39種について行われていたが，改修，交換等の進捗率は必ずしも良好ではなかった。

電気ストーブの事故はその後も続き，リコールも増加している。製造・輸入事業者が行っているもの，輸入事業者と販売事業者が協力して行っているものもあるが，輸入事業者が負債等で対応できず，販売事業者が自ら販売した製品に限り回収しているものもある。リコールしていた事業者が倒産または行方不明となっているものもある。

なお，電気ストーブには，リモコンが誤作動して消費者が意図しないときに

点火する危険性があるものもあり、独立行政法人製品評価技術基盤機構（NITE）は2006（平成18）年11月にテスト結果を発表した。その後、電気ストーブがリモコンによって点火しないよう、技術基準の改正手続き中である。

④ その他の事故，リコール

電気ストーブのほかにも，洗濯乾燥機（日立アプライアンス㈱，三洋電機㈱），衣類乾燥機（㈱ツナシマ商事，㈱ボッシュ），ヘアードライヤー（九州日立マクセル㈱），冷蔵庫（富士通ゼネラル㈱），髭剃り用充電器（セイコーエスヤード㈱），温水（ガス）式浴室暖房乾燥機（㈱ハーマンプロ），電気こたつスイッチ付きコード（㈱エスジーユー），電気こんろ等，多くのリコール製品がある。

リチウムイオン電池については異常発熱，発火が起きたことからワーキンググループを設けて技術的検討を行っている。電子レンジで加熱する湯たんぽの破裂，電気あんかのコードの断線による発熱，発火，カセットコンロ用のガスボンベの爆発，子どもの誤飲による事故，ゴムの送油管やガス管の劣化による事故等も起きた。

（2）情報提供

① セミナー，広報素材

2006（平成18）年11月20日から26日にかけて，製品事故を防止する情報提供のために「製品安全総点検週間」を行った。今後も毎年開催することとしているが，第1回は電気用品，ガス用品に絞り，安全な使用方法やリコール製品の紹介等を行った。2007（平成19）年3月13日からは，毎月第二火曜日を「第二火曜日は火に注意」と銘打った「製品安全点検日セミナー」を開催している。また，3月23日にはシンポジウムを開催した。

消費者への情報提供は，「あれをしろ，これをするな」という指示だけではなく，なぜしなければならないか，どの程度のリスクがあるのか等，理由も含めて情報提供する必要がある。一方，簡潔なわかりやすさも，重要な課題である。

これらを踏まえ，広報資料を作成した。消費者の立場に立って，「製品事故から身を守るために」という標語で作成している。別添の漫画（p.47～）はその1つとして，2007（平成19）年3月に筆者自身が描いたものである。大人用の資料も作成した。子ども用資料は小学校に，大人用資料は中学校に，それぞれ1

部ずつ届けられた。シンポジウムでの配布のほか，消費者関係，住宅関係等の団体にも配布した。

　また，換気の重要性を訴えたポスターを作成した。日本医師会のご協力を得て，全国の医師会会員に換気のポスターが送られた。

② リコールハンドブック

　事業者のリコールの一助として，リコールハンドブックの改訂作業を行った。重要な事項としては，以下のような点があげられる。

- ・製品事故を避ける努力は必要だが事故はあり得るという前提で，日頃からマニュアル作成等で事故に備える。
- ・リコールは経営トップの指揮の下，組織全体で連携して取り組む。
- ・社告はわかりやすく。行政や社外の関係者と情報を共有。記者会見は迅速，正確に。
- ・進捗状況を評価し，必要に応じて対応を追加，変更する。

（3）国際関係

① 協力ガイドラインの締結

　2006（平成18）年11月，米国との間で製品安全に関する二国間協力を進めることについて合意した。具体的には，米国の消費者製品安全委員会（CPSC：Consumer Product Safety Commission）と，日本の経済産業省と独立行政法人製品評価技術基盤機構の間で，協力の実施指針としてガイドラインを締結した。米国消費者製品安全委員会は，消費者製品に関連する死傷事故から国民を保護するために1973年に設立された米国独立政府機関である。

　協力の最大の内容は，製品安全に関係する情報交換である。情報の例としては，双方の製品関連重大事故のリスク評価や製品テスト，主要なリコール事例，法令の執行状況があげられる。このほか，製品安全に関係する人材養成や人的交流に関する協力にも言及している。

② 国際会議

　製品安全の分野の国際会議には，「国際消費者製品健康安全機関（ICPHSO）」，「消費者製品安全国際会合（ICPSC）」等がある。ICPHSOは米国で総会やトレーニングシンポジウムを行ってきたが，欧州でもトレーニングシンポジウム

が行われるようになった。2006（平成18）年11月29日，30日には第3回の欧州トレーニングシンポジウムがブリュッセルで行われ，このシンポジウムの場で，日米の協力ガイドラインに署名を行った。また，前日の11月28日にはこれと同じ場所で ICPSC が開催された。

2007（平成19）年5月には，アジアで初めての ICPHSO トレーニングシンポジウムが中国の北京で開催されることとなっている。

標準化関係の国際会議も，消費者用製品の安全と関係が深い。ISO の「消費者政策委員会（COPOLCO）」は，製品の安全や企業の社会的責任など，幅広い検討を行っている。

③ 相互認証

電気用品安全法を対象として，欧州，シンガポールとの間で相互認証協定を締結している。

● 2．経済産業省の消費者問題への取り組み　47

みおちゃんとまもるくんの
製品事故から身を守るために

ガスレンジに火をつけたら換気扇を回したり、石油ストーブを使うとき、まどをときどき開けたりして空気を入れかえるけど、どうしてかな？

空気がたりないところで石油やガスを使うと一酸化炭素っていう、有毒ガスが出るからだって

一酸化炭素が出ると、どうなるの？

あのね
石油ストーブや
ガス湯沸器から
一酸化炭素が出て
そこにいた
おとなやこどもたちが
死んじゃったんだって

一酸化炭素
すいこんだら
しぬぞー

みえないし
においもないぞー

一酸化炭素

こわいねー
どうしたら
事故にあわないで
すむんだろう？

経済産業省

コマ1

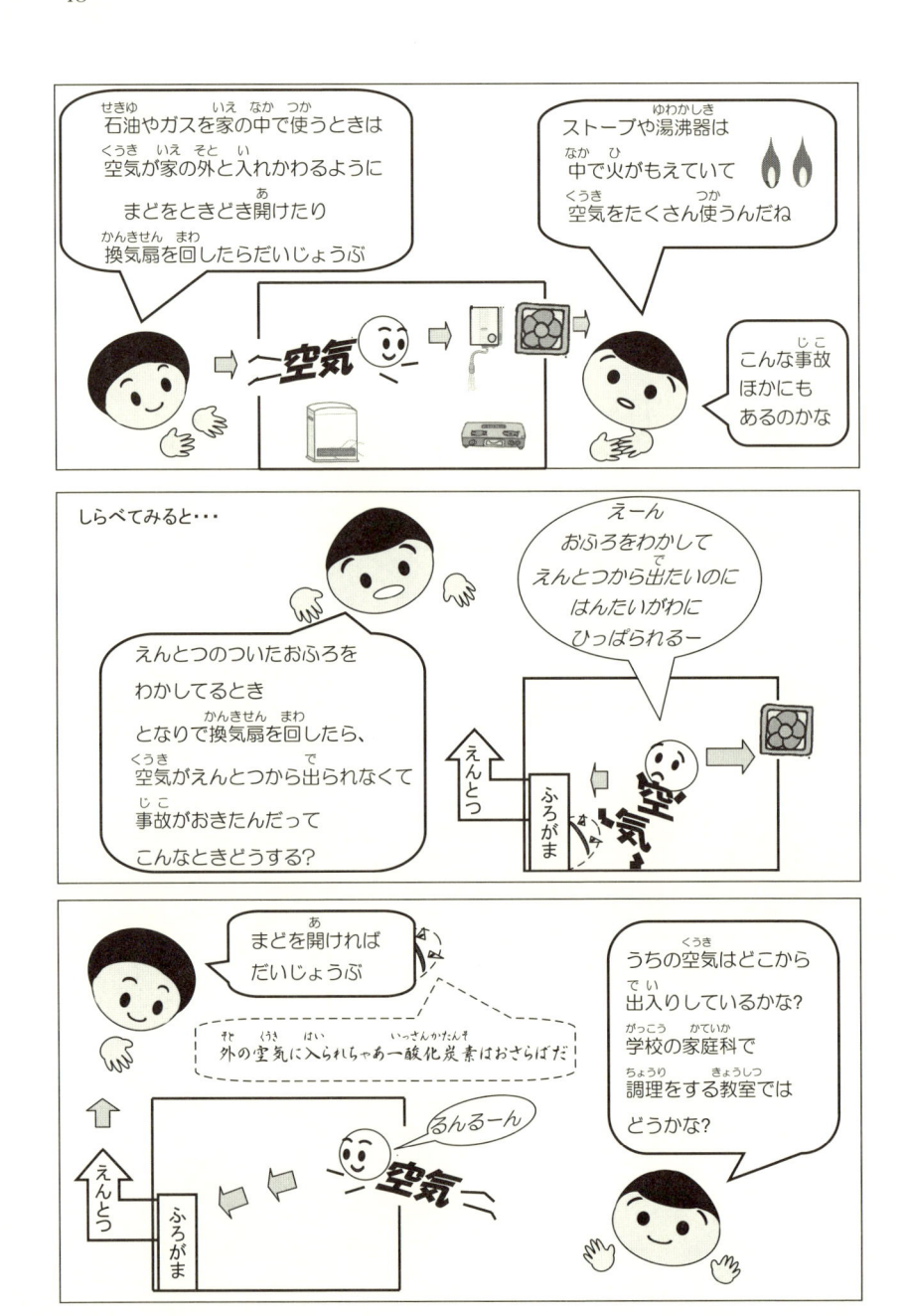

石油やガスを家の中で使うときは空気が家の外と入れかわるようにまどをときどき開けたり換気扇を回したらだいじょうぶ

ストーブや湯沸器は中で火がもえていて空気をたくさん使うんだね

こんな事故ほかにもあるのかな

コマ2

しらべてみると…

えんとつのついたおふろをわかしてるきとなりで換気扇を回したら、空気がえんとつから出られなくて事故がおきたんだってこんなときどうする？

えーんおふろをわかしてえんとつから出たいのにはんたいがわにひっぱられるー

コマ3

まどを開ければだいじょうぶ

外の空気に入られちゃあ一酸化炭素はおさらばだ

るんるーん

うちの空気はどこから出入りしているかな？学校の家庭科で調理をする教室ではどうかな？

ほかにも、しらべてみました。
電気のコードに
きずがついたり、
電気が流れすぎると
そこが熱くなって
火事になるって
いたいっ！
コードをひっぱったり、
コンセントに
たくさんつなぎすぎると
あぶないんだ
あついっ！
それから・・・
何か口に入れたら
のどにつかえて
死んじゃった子が
いるんだって
うでわのかざりをのみこんだら
おなかの中で毒がとけて出てきて
死んじゃった子も外国でいたって
ちっちゃい子が
へんなものを
口に入れないように
気をつけてあげよう
まだある・・・
紙を小さく切る機械に
手をひきこまれて
指をなくす事故が
あったって
ほかにも
あぶない製品が
いろいろあって
無料で点検したり直したり
してるものもあるって
そうだ！
こういう事故のこと、
みんなにしらせると
つぎの事故をふせげるかも

それで、このあいだ…
製品を使っていて大きな事故がおきたらその製品を作った人か外国から輸入した人が国に知らせるように法律で決めたんだって

事故がおきたって うちはだいじょうぶ？
できるだけたくさんの人がどんな事故がおきたかわかるようってね

これから…
もし大きな事故がおきてしまったら

製品を作る人も、売る人も、使う人も、みんながそのことを知って

作り方や売り方や使い方を考えて

みんなで、事故がおきないようにしたいね

悲しい事故がなくなりますように

おとな用の「製品事故から身を守るために」や、消費生活用製品安全法の改正についての資料もあります。くわしいことは、経済産業省のホームページで。
http://www.meti.go.jp/

消費者問題の現場から（1）
3．悪徳商法の一掃をめざして
～消費者運動の現場から

国際短期大学専任講師
悪徳商法被害者対策委員会会長
堺　次夫

3－1　拝啓，経営大学院の学生の皆様

　その後，勉強は進んでいますか？
　皆さんが大学に引き続いて，大学院でも消費者問題を研究したいという話を聞いたとき，大変嬉しく思いました。私がこの分野の一テーマである「悪徳商法」の追及という実践活動，消費者運動の世界に入ったのは，1974（昭和49）年の2月のことです。24歳になったばかりのときですから，今の皆さんとほぼ同じ年齢でしょう。
　同時に，ようやく国立の大学や大学院で消費者問題が取り上げられる環境になったこと，研究者の受け皿までが整備される時代になってきたことを喜んでいます。
　願わくは，皆さんには象牙の塔にこもる人にはなって欲しくありません。実際に現場に出て，汗水を流す人であって欲しい，また時として，今後生きていく中でたとえ少数派になったとしてもその信念を貫いて，発言し行動して欲しく思います。
　今，時代は生産者から消費者へと明らかに軸足が動きつつあるように見えますし，またそうあってもらいたいのですが，そういう中で皆さんの役に立つかどうかはわかりませんが，皆さんより一時代を先に生き，消費者実践活動を展開してきた身として，私の33年間をお話しようと思います。

活動を始めた頃

　私の活動はこの（2007（平成19）年）2月でちょうど丸33年になります。活動開始1年後の1975（昭和50）年2月13日が、今、私が会長を務める「悪徳商法被害者対策委員会」の結成日ですので、企業風に言えば、「創業丸33年、創立丸32年」ということになります。随分、長い活動になりました。これが芸能人であれば、超ベテランと称されるかも知れませんが、私たちの本来の目的は「悪徳商法の追放」にあるわけですから、目的が達成できないまま今日に至っているということで、素直に喜ぶことはできません。ふと思い浮かべるのはかの大泥棒「石川五右衛門」が詠んだとされる歌です。「石川や　浜の真砂は尽きるとも世に盗人の種は尽きまじ」この盗人を「悪徳商法」と置き換えても全く違和感がないわけです。むしろ私は、人間誰もが持つ「欲望」との闘いを続けているのではないかと思うことさえあるのですが、それでも「消費者の時代」が今日、間違いなく訪れ、消費者保護立法も当初に比べれば、格段に整備されてきたことに、心ひそかに自負と誇りを感じています。

　活動を始めたその頃といえば、1973（昭和48）年10月の第1次石油ショック直後で、原油価格が3ヶ月間で4倍に跳ね上がり、必然的に物価も急上昇、便乗値上げもあり、狂乱物価とマスコミが名付けたぐらいで、社会には何となく騒然とした雰囲気がありました。大阪・豊中のスーパーマーケットから始まった「トイレットペーパー騒動」は全国に波及して、大商社の「買占め、売り惜しみ」が国会で糾弾されるなど、「物価問題」が消費者問題のメインテーマの時代でした。

　一方、それまでの高度成長経済下で、見過ごされてきた公害による被害が顕在化し、全国的に被害者の告発、集団訴訟等が相次いで提起された頃でもあります。

　この公害告発運動と並び、消費者運動も「日本消費者連盟」が前身5年間の活動を経て、1974（昭和49）年5月、正式に発足して、政府機関や大企業に公開質問状を次から次へとぶつける「紙つぶて運動」を展開するなど、あちこちの分野で「告発型」運動が一時、社会を席巻したと言っても過言ではない、そんな環境でもありました。

　しかし、当時はそれでも消費者問題はあくまでも主従でいうと、従の存在で、

今日のように「消費者主権」だとか「消費者の視点」、はたまた「消費者重視」などと、消費者が冠に付く用語が踊る時代には程遠いものでした。少なくとも私にはそう見えました。

生まれ変わる消費者行政

　第2次世界大戦で国富の約4割を失ったわが国が、いち早く廃墟の中から立ち上がり、復興から「欧米に追いつけ追い越せ」を国是として、まずは生産第一で、政治・行政・業界がトライアングルを組んで、事に対処していくという進路は間違ってはいなかったでしょう。大企業がまず潤い、次いで傘下の中小企業が、そして一般消費者も一部は直接的利益を受けるでしょうが、あくまでも大多数の消費者はその結果の利益を得るという「反射的利益享受者」であるという構図です。

　そのため、政府の組織が生産者側に即した縦割り形態の「農水省」なり、かつての「建設省」等々と存在しても、横断的な「消費者省」なり「消費者庁」は存在でき得なかったのかも知れません。消費者行政部門がないわけではなく、各省庁の中の一機関として位置付けられていたのです。実は今日でも、この基本的組織形態は変わっていません。昨今、とみに消費者行政が光っている「経済産業省」もその一つでした。以前の名称は「通商産業省」であり、そのものズバリ、「貿易と産業」を振興する省庁であったわけです。そこでは「消費経済課」と「商政課」が消費者行政を担当し、当初私は、手掛けた最初のテーマである「マルチ商法」問題で、この2つの課をよく訪ねたことを覚えています。でも、どちらも直接的に消費者の利益を図る担当セクションではありませんし、何よりもその頃は「マルチ商法」の黒白が付いていない時代で、マルチ商法の被害者は「独立商店主がビジネスをして失敗したもの」とか「儲けそこなった欲張り者」という、消費者被害とはまるで違うかのようなイメージがあり、隔靴掻痒の気持ちをいつも抱いたものです。一歩いや百歩譲って、マルチ商法の被害者は甘かったかも知れませんが、ではだました側は許されるのかということです。だます側は消費者の無知に付け込んでいるわけで、それを許しては不公平というものです。

　しかし今、時代環境は大きく変化しました。最近、私は「経済産業省」の前・

事務次官からお便りを頂戴したのですが，その中にはっきりと書かれている言葉がありました。「今や，消費者行政は経産省の大きな柱となっています」というものです。

それだけまた，消費者を巡る事件が昨今，相次いでいて，社会は，あるいは消費者は厳しい目で事件を見るようになったということだと思いますが，政府の中枢組織のトップがここまで言われるようになったことは，正に隔世の感がありますし，それを目指して活動してきた私としては，実に嬉しく思います。

3－2　「マルチ商法」被害者からの出発

「自分探し」からマルチ商法へ

さて，私がこの運動に関わりを持つようになったきっかけは，私自身がその頃，アメリカから侵入してきたマルチ商法業者で，化粧品を扱う「ホリディマジック社」の会員（販売員）になったことです。

その頃私は今でいう「自分探し」をしていたのです。というのも私は元々，家が貧しく生活保護を受けていました。当時，生活保護受給家庭の子女は全日制の高校には行けないという規約のようなものがあり，本来は全日制の高校には行けない身でした。それを私の生涯の恩人でもある叔父が，被扶養家族として，私を引き取り，叔父の家から岡山工業高校に行かせてくれたのです。よって高卒後は就職しかないので,「日立製作所」本社に就職して上京しました。これが1968（昭和43）年3月のことです。会社からは会社内の高専に進学することを勧められましたが，中央大学の二部に2年目から進学します。これも生涯かけて何をするかを見つけるためで，文学部を選びましたが，なかなか見つかりません。日立では「社会人としてのABC」を先輩方より教わり，おそらくその頃としては恵まれた環境でしたが，会社員そのものが何かしら性に合わないものを感じ，このままでは中途半端でいけないと退職して，アルバイト生活に切り替えました。いわば，私は元祖フリーターです。ただその頃は今と違い，正社員の口はいくらでも探せばあったように思います。また企業も若手社員を随分大事にしたように感じます。日立だけでなく，大手電機会社はどこでも高卒者を採用して会社内の上級学校に行かせたり，もっと過去には中卒者を採用

して高校に行かせたことなどもあったことを後になって知りました。
　ですから今でも私は日立の会社側や労組からの要請で新入社員や若手労組員の啓発講演会に講師としておじゃましているのですが，行くたびに何やら，日立学校に帰ってきたという気分になります。

マルチ商法被害から立ち上がる

　それはさておき，物理的貧乏には慣れていても，当時の若者特有，いや今でもそうかも知れませんが，何をすべきか，何をするために自分は今，ここにいるのかという心の渇きあるいは空白はなかなか埋まらず，中大を卒業してもなおフリーターを続けていました。そんな頃，私は知人から，日本に侵入して来たばかりのマルチ組織に誘われ，一被害者になってしまったのです。今では，これにより私の歩む道を発見できて，運命の神に感謝さえもするのですが，その「ホリディ社」に，借金までして加入したのに，最初聞いた話と現実があまりに違うのです。例えば化粧品を扱う触れこみでしたが，商品がほとんどなく，今は組織作りが優先だとかで，そのうち悪評も聞こえてくるようになり，親会社はアメリカ本国で大社会問題化したことなどを知ります。「これは大変だ。とんでもない会社だ。これ以上，広げてはいけない。何とかしよう。お金も取り返そう」と決意するに至ります。
　幸いというか，私は小さい頃から学級委員や学校委員長などを歴任してきました。人を大勢集めて何かをするのは得意中の得意。全共闘が華やかりし頃でしたが，その全共闘にはむしろ「電車をまた，止めやがった。ぜいたく者が‥」と批判的で，コーラ瓶が火炎瓶になるよりはと，仲間と空き瓶をせっせと集め，お金に換えたものです。当時1本10円は極めて貴重でした。

ソフトボール仲間が活動支援

　ここで仲間として登場するのは今でも存在するソフトボールチーム「グループ狂人」です。結成は1966（昭和41）年，私が高校時代にクラス内に結成したもので，私の上京時に本部を東京に移して，時折，多摩川の河原で細々とソフトボールをしていました。今では年間約40試合をこなし，夏と初冬には全国各地を合宿と称して訪ね，その地の「町・村起こし」に協力すると言えば聞こえは

良いのですが、要するに酒飲み会です。メンバーはUターン、Jターン時代があって全国に散らばっていますが、現役は現在、首都圏で約40名。ソフトボールが好き、試合後のビールが好き、その後の酔い覚めの水が好きという3タイプの集まりです。ちなみに一昨年、私は500勝投手（投手は私だけというチームです）になり、昨年はチームとして、ついに1000試合を達成しました。今年は1000本安打達成まで、あと20本。初秋ぐらいまでにはと思っているところです。

このチームメンバーとその家族が「悪徳商法被害者対策委員会」の活動を支えてくれます。来客や電話、手紙の殺到する非常時には、メンバーが駆けつけ、ボランティア活動を展開してくれるのです。蛇足ながら、電話の応対が上手いのは公務員であることを発見しました。「お金は返って来ますか？」という切実な、しかも最も知りたい情報を激励しつつ、失望はさせず、ただし断定もしないという答弁は見習う必要があります。

3-3　対「行政型」から対「立法府型」消費者運動へ

マスコミが動く

わが「悪徳商法被害者対策委員会」の活動は主に3つの分野があります。
① あくまでも消費者運動体であること
② 被害者の緊急相談先
③ 悪徳商法の情報センターとしての機能

と、その他ということになりますが、ここで①について述べたいと思います。

今でこそ、大手マスコミ等に、たとえば「新種の悪徳商法発生、ご用心！」という啓発記事を書いてもらいたいときがあるとして、それはいとも容易なことですが、当初、私は全くの無名活動家です。学生運動の経験もなく、運動とは何をするのかさえ知りませんでした。

それこそ走りながら、手探りで集会開催やチラシ制作と配布、デモ、陳情、請願等々の消費者運動を展開したのですが、これがおもしろく、つぼにはまってしまったと言ってよいでしょう。

ホリディ社を追及するにしても、やはり多くの当事者が集まらなければ力になりません。そこでこれはマスコミに書いてもらう他ないと思いましたが、当

時は誰も知り合いがいません。実際には知り合いがいなくても，事の経過を簡単にまとめ，各新聞社の社会部に「こちら側の連絡先」を記して，送付すれば，どこかが反応してくれるものですが，それを知るのは後のことです。私はあちこち歩く，つまり相談して行く過程で，朝日新聞大阪本社社会部記者の上田文世氏と出会い，1974（昭和49）年6月24日付朝刊記事で「ホリディ社」の疑問と私の名前が掲載されました。次いで，やはりこの問題を追いかけていた毎日新聞も同年8月6日付で記事にします。

団体交渉で成果

この反響で各地から被害者，疑問を感じる人々から連絡があり，熱心だった京都グループを中心として，同年9月24日，私たちは団体交渉で，会社に乗り込みます。最初は26名のメンバーでした。こういう場合，こっそり交渉というのは危険です。できる限り，大きく報道してもらえばよいのです。また事は簡単に進むとは限りません。弁当，水筒持参で，一晩，二晩の覚悟も必要です。相手が「営業妨害だ」と言えば「どうぞ警察を呼んでください」でいいのです。正義を背負って，交渉するのに何の遠慮が必要でしょうか。

昨年，問題化して，その後警視庁が詐欺罪容疑で家宅捜索に入っている「近未来通信」事件で見られたことですが，新聞で問題化したとき，それを知りながら対応した人としなかった人およびどういう対応をしたかによって，結果が異なりました。

多少でも出資金を取り返した人は，何をしたか。自分で本社に乗り込み，直談判した人が救われているのです。イザというとき，それができない人は人一倍，うまい話には注意が必要だということです。

ホリディ社との団体交渉は成功し，メンバーの出資金の返還を勝ち取りました。これが報道され，第2弾は同年10月8日で，百数十名が本社に駆けつけ，これも返金がなされました。ここまでは直接，私が指揮しましたが，後は各個人個人に任せました。

対「立法府型」消費者運動へ

しかし，事はホリディ社だけではなかったのです。

他のマルチ会社の被害者からも多数，相談が舞いこみ，訪ねてくる人も多くなりました。中でも大阪の桑村守門氏からは「APOジャパン社」の問題が持ち込まれます。当時，マルチ組織としては最大であったこれは，ホリディ社と同様に元々，海外資本でした。

年が明けて1975（昭和50）年2月7日，公正取引委員会はこのホリディ社を独占禁止法第19条（不公正な取引の禁止規定）違反容疑で立入調査に入ります。事が動いてきたわけです。私もこれに合わせ2月13日，桑村氏にも上京してもらい，「悪徳商法被害者対策委員会」を結成，マルチ組織を1社ずつ追及するにはきりがなく，マルチ商法そのものを追及すること，そのためには「マルチ商法禁止」を求めて活動をしていくこと，そしてまた被害の未然防止を目標にすることを宣言し，記者発表まで行いました。

既に前年10月24日，私は参議院の決算委員会の参考人に招かれ，意見陳述をする機会を得ていました。それまで，通産省や公取委を訪ねていた私ですが，国会で私が会うことも話をすることもできない役所の幹部の皆さんが，国会では議員に，実に丁寧な答弁をしている，その姿をまのあたりにして，私が悟ったことは「国会で質疑をどんどんしてもらえば良いのだ」ということでした。これが，その頃は珍しい「対立法府型」の消費者運動につながりました。それまで各消費者団体は「対行政型」が普通だったように思います。

当時は与野党伯仲状況で，国会質疑は緊迫感がみなぎっており，対策委結成以後，マスコミの来客が相次ぐ中，いろいろなつてを頼りに国会議員巡りを私は開始します。

この際，留意したことは，政党は区別せず，全党どこでも回るということです。「廊下とんび」という，国会担当記者に名付けられた呼び名があります。私は一時，このとんびになりました。用事があろうがなかろうが，とにかく議員や秘書さんの顔を見に行くのです。そのうち，「若いのに珍しい」と食事をごちそうになることも増えてきました。

集会・デモ行進・団体交渉

1975（昭和50）年3月17日，私たちは現・横浜スタジアム（当時は公園でした）にいました。この日，対策委主催の「全国統一行動集会」には大阪からの

メンバーを中心に約130名が集まり,「マルチ商法を葬れ」と棺桶を3つも用意して, 現役で本物の僧侶にも参加してもらい, 集会後はデモ行進です。それ以後, ネズミ講問題でもデモ行進を行いましたが, 事前に管轄の警察署に届けを出せば, 車道を車を止めて行進できるのです。しかも警察署員が何人も出て, 一緒に歩いてくれます。実際は隊列を規制しているのですが, 何せ, 私たちは初めてのことで,「おまわりさんまで応援してくれている」と単純に喜んだものです。

　その後はそのすぐそばにある「APOジャパン社」に突入です。団体交渉については事前に内容証明郵便で社長との面会を要求していたのですが,「社長を出せ」「いない」と押し問答となり, ついには会社側が神奈川県警加賀町署に連絡。その結果, 署員が多数出動して, 私たちはビル外に排除されてしまいました。「解散しなさい。さもなくば公務執行妨害で逮捕する」と警察側が言うので, 私は「警察は一体, どちらの味方か, 詐欺師の手先か, そんなに逮捕したければ, 逮捕されてやろうではないか」と私は棺桶の上に立ち, 叫んだものです。もう誰も恐くない, 実際に逮捕されてやろうと燃えに燃えていたのです。もちろん, 誰も逮捕されていません。

拉致誘拐される

　徹夜の座り込みが明けて, 会社側が別途, 話し合いの機会を設定するというので, この場は解散しましたが, その会社側設定の会議は3月19日, 東京・千代田区の「ホテルグランドパレス」で, 事件が発生します。

　出資金の返還を求める話し合いは当然ながら決裂。その直後, 会社側が動員した会員たちによって, 私は拉致誘拐され, 3ヶ所を転々と約半日引き回され, 解放されたのは午前3時頃だったでしょうか。「お前たちが騒ぐのは商売妨害だ。手を引け」と脅すのです。しかも多数を動員して,「法律が早くできればいい, そうなったら社会から認められるのだ!」と叫ぶ集団, マルチ独特の, しかしもっとも恐い, マインドコントロールされた若者ばかりでしたが, 今, 彼ら彼女らはどこで何をしていることでしょう。少なくとも時代は移り, 彼ら彼女らの息子や娘が今, マルチ商法の被害にあいかねない時代です。その息子や娘にはマルチがどのように伝えられているのか, 興味があります。

しかし、この事件はけがの功名と言うべきか、マルチ商法そのもののイメージを全く変えたように思います。国会でも早速、取り上げられ、APO社には警察出身者が多数いると野党から追及を受けた政府側は面子もあります。この事件では会社側幹部が8名も逮捕されるに至ったのでした。

国会で意見陳述

さらに、国会では同年5月13日、衆議院物価問題等特別委員会で、マルチ商法に関する集中審議が行われ、代表的マルチ会社3社の社長も国会に呼ばれま

国会参考人

皆さんは国会に呼ばれて発言する参考人について、どのような印象をお持ちでしょうか？　もう一つ、証人もあるのですが、どうもその違いを認識している方は少ないように思えます。

憲法に定められた国政調査権に基づき、国会が強制的に出頭を求め、証言を求めるのが証人です。喚問されて正当な理由がなく出席を拒否したり、証言拒否をすると罰則があり、更に虚偽証言をすると、三カ月以上十年以下の懲役刑に処せられます。これに対し参考人の場合、出席は任意ですし、罰則もありませんから、これまで数々の疑惑事件の関係者が国会に呼ばれる場合は、与野党の間で証人にするか参考人にするかで、世論の動向を見ながら駆け引きが行われて来たわけです。

私はその国会参考人になった回数が十回を数えます。世間のイメージではさぞ疑惑だらけの人物になってしまうと思います。実際、あるとき一緒に参考人になった大学教授が話してくれました。「昨夜、家族に「明日は国会の参考人で発言して来るから」と言った途端、娘が深刻な顔をして「お父さん、何か悪い事をしたの？」と言われてしまって…」大笑いになったものです。

国会における参考人は国会法と衆参の議院規則に基づき、国政に関する案件について、利害関係者や専門家として意見を述べる立場で、私の場合は悪徳商法問題で実情を訴え、対策を求めたのです。最初は74年、96年が最後で、このとき「十一回目がないようにしてほしい」と言ったものです。この頃から特に通産省（現・経産省）の消費者行政は大きく変化し、今のところ私の願いはかなえられています。（堺　次夫＝悪徳商法被害者対策委員会会長）

（東京新聞夕刊コラム「放射線」・中日新聞, 北陸中日新聞コラム「紙つぶて」2005（平成17）年11月26日より）

した。私は被害者側代表として，独占禁止法での摘発は罰則や被害救済においても限界があり，新立法が必要と意見を述べました。この時期，こうした一連の動きが，マスコミの相次ぐ報道につながり，それが被害未然防止の役割を担ったことは間違いのないところです。

竹内昭夫教授との出会い

この場で，私は東大法学部の竹内昭夫教授と同席して，そのお話を伺うことができました。以来，数々の「竹内語録」とでも言うべき，先生のお話は以後，私の運動の「座右の銘」になっていきます。

> ### 竹内語録
>
> 　私が国会の参考人として意見陳述した十回のうち三回は故・竹内昭夫先生と一緒になりました。先生は当時，東大の法学部教授で，専門は商法，消費者法の第一人者です。政府の審議会委員も数多く歴任し，後96年秋には紫綬褒章を受章されました。私は直接教えを受けた事はありませんが，参考人の隣席で文字通り先生の謦咳(けいがい)に接し，ときに感激し，また感動して意見を伺ったものです。
> 　中でも二つのご意見は「竹内語録」として，私は長年，座右の銘にさせてもらっています。これは為政者や特に消費者行政従事者にも知っておいて欲しい言葉でもあります。
> 　一つは75年の発言です。実は今でもそんな傾向があるのですが，いわゆる儲(もう)け話に乗って被害にあった人々に世間は同情しません。「欲張りだからだ」とか「自業自得だ」という言葉さえ聞こえます。マルチ商法が最初に社会問題化したときもそうでした。先生はでも次のように言われたのです。「私を含め，消費者というものは元々，無知で欲深なものだ。人間が持つ，そうした心の弱みに付け込む輩(やから)を放置して良いはずがない」
> 　二つ目は85年の事でした。「頭の良い人ほどペシミズム（悲観主義）に陥りやすい。法律をここで制定しても，どうせすぐ脱法されてしまう。であれば何もしなくても同じだと。しかし何もしなければ悪い輩は増え，被害は広がる一方ではないか。過剰規制は問題だが，過少規制もまた困る」。先生が逝去されてまる九年，規制緩和と自己責任が声高に叫ばれる中，今改めて先生の言葉をかみ締めています。（堺　次夫＝悪徳商法被害者対策委員会会長）
>
> （東京新聞夕刊コラム「放射線」・中日新聞，北陸中日新聞コラム「紙つぶて」2005（平成17）年12月3日より）

訪問販売法の成立

　そして，1976（昭和51）年。ようやく通産省から「訪問販売等に関する法律」案（以後強化改正を重ねて現在は「特定商取引に関する法律」）が国会に上程されます。マルチ商法は「連鎖販売取引」と名付けられ，その立法趣旨は「悪質なマルチ商法を実質的に禁止するための行為規制法」ということで，私たちが当初望んだ完全禁止法にはならなかったのですが，それでも通産省の担当審議官であった天谷直弘さんは，国会質疑の中で次のように答弁されます。「この法律が施行された後は，悪質なマルチ商法組織の残存する余地は全くない」と。
　一方，竹内教授も参考人として名文句を残されます。「良いマルチはあるのか？」という野党委員の質問に対し「良いマルチというのは無害なコレラ，安全なペストと言うに等しい。法概念的にはあり得ない」と。二人の立法立役者により，法案は一部を修正し，全党が賛成して成立。施行されたのは1976（昭和51）年12月3日のことでした。

3-4　「ネズミ講禁止法」の誕生

ネズミ講禁止法への取り組み

　ホリディ社，APOジャパン社に「ジェッカーフランチャイズチェーン社」を加えて，私は当時三大マルチ組織と位置付けたのですが，3社とも一連の騒動と公取委の摘発によって，崩壊します。しかし，今でもそうであるように，この手の組織はアメーバーのように細胞分裂増殖していくのです。また彼らに「一罰百戒」は期待できません。3社がなくなれば，「あれはひどい業者であった。ウチは違う」と，またまた新組織が登場するのです。しかも法制定を逆手に取り「これで私たちも認められた」と。その後，広がったのが「ベストライン社」であり，「ゴールデンケミカル社」です。
　これもわが対策委が追及します。しかし，もう一つ，どうしても取り組まなければならないものがありました。「ネズミ講」です。マルチ商法の根幹部分は実はネズミ講そのものですから，私がこの問題に目を向けるのは必然でした。
　既に，熊本に本部を置く「第一相互経済研究所」（後に「天下一家の会第一相互経済研究所」）については，長野地裁において「入会金返還訴訟」が，下光軍

二弁護士，安彦和子弁護士によって展開されていました。

　私は二人を訪ね，「ネズミ講禁止法」の制定運動を持ちかけます。もちろん異存があろうはずがなく，しかもタイミングは天佑と言うべきか，1977（昭和52）年3月30日，長野地裁は消費者訴訟史に残る名判決を下したのです。「ネズミ講は公序良俗に反し，その契約は無効である」と。

ネズミ講禁止法の成立

　この時期，私は同時並行で，衆議院物価問題等特別委員会の理事議員を訪ね回っていました。この委員会は各党とも良識がある議員が集まっていて，何よりもこの委員会は社会党が委員長職を務め，消費者問題への取り組みは積極的でした。与野党伯仲が続き，新自由クラブも結党されて，多党化の中，廊下とんびも大変で，当時私は6党の議員を訪ね歩いたことになります。それが後に生きてきます。

　1977（昭和52）年4月27日，国会内の会議室で私たちは「マルチ摘発とネズミ講禁止法を求める大会」を開催，6党の議員が集まってくれました。もうこれだけで政治的には大成功と言えます。実際，物特委の中に「ネズミ講問題小委員会」が設置され，ここを舞台にして，翌1978（昭和53）年秋，「ネズミ講禁止法（無限連鎖講防止法）」が超党派の議員立法で誕生したのです。それまでは消費者保護法規といえども，大半は内閣から国会に上程されるのが当たり前という環境下で，立法府が自ら本来の機能を発揮して成し遂げた立法でした。法文はたった7条しかないものですが，後に1回強化改正されて，なお今日も見事に効力を発揮している法律です。

　私はまた，この前後，札幌から福岡まで，全国のブロック地域の主要都市で，地元マスコミの協力を得て，ネズミ講被害者の相談会と禁止法制定を求める集会を相次いで開催，そのときには開催地近くの議員の皆さんに出席してもらいました。この全国行脚は後のテーマである「金ブラックマーケット（私設先物）取引商法」問題でも応用して，成果を上げています。

　この法律は私個人にとっては青春のエネルギーをかけたもので，青春の記念碑であると思っています。またこの法制定が今日の私の立場を定めたと言っても過言ではないでしょう。

3−5　語り継がなければならないこと

無くならない「人間の欲望」

　長々と，私の初期の活動についてお話しました。その後も，マルチ商法台湾騒動や豊田商事問題，海外先物取引問題等々，いろいろなテーマに取り組んできました。しかし，全ての原点はこの初期活動にあると私は考えています。血沸き肉踊るような面白さも初期の頃はいっぱいあったように思います。
　今，面白さにはなかなか出会えません。
　むしろ，「ああ，またか」とため息が出ることが，最近多くなってきました。
　たとえば，マルチ商法問題です。
　2006（平成18）年11月8日，国民生活センターはマルチ商法が若者層に広がっていると消費者に注意喚起を呼びかけるとともに，経済産業省には「実態改善のための指導と対策の強化」を要望しました。
　それによると，マルチ商法だとは名乗らず，「ネットワークビジネス」とか「MLM」などと称して，「儲かるビジネスがある，一緒に勝ち組になろう」と，学生や若いサラリーマンに「資金は消費者金融で借りれば良い」と広がり，被害が出ているということです。今も昔もその本質は言うに及ばず，勧誘のパターンや友達をなくし，被害者である上に加害者になってしまうという被害内容まで全く同一です。
　また，2006（平成18）年12月17日付読売新聞（大阪本社発行）は社会面トップで「若者に拡大　マルチ商法の現場」と題して，説明会場内のルポを記事にしています。そこには150人が参加，大半が20歳代で「月に億は堅い。来年には一流に飛躍して，ハンパじゃない状況になる，格好のビジネスチャンス‥」等々と熱っぽく語られていることが掲載されています。
　十年一日いや既に四十年一日と言う方が妥当かの状況が続いているわけです。これでは冒頭に私が時として「人間の欲望と闘っているような感覚になる」という思いになるのは当然と理解していただけるでしょうか。

若い世代への期待

　しかし，ここは皆さんに期待するのです。

　私はこれまで，数多くの消費者保護立法に関与して，あるいはさせてもらいここまできました。それによる摘発や判決といった形の成果も見てきました。しかし，足らないものがあるのです。それは私の後を引き継いでくれる人物なり組織の問題です。

　「そこそこの人物は財産を残し，一流の人物は名を残す。さらに一流の人物は人を残す」という話があります。私にはもちろん財産はなく，名前も大したことはありません。でも思いとしては人と組織を残したいものです。

　皆さんに期待してはいけませんか。

　若い世代の問題は若い皆さんが中心になって解決を図るべきと考えます。

　ご健闘を祈ります。

　時節柄，風邪など引かれませんように。

　そして飲みすぎませんように。ご自愛ください。

敬　具

参考文献

堺次夫『マルチ商法とネズミ講』，三一書房，1979

堺次夫『新悪徳商法事情』，フジタ，1985

堺次夫「世界を渡り歩くマルチ商法－台湾マルチ商法騒動記」，マルチ訴訟弁護団編『マルチ商法と消費者保護』，法律文化社，1984

堺次夫「若者と悪質商法」，諸澤正道編集『現代のエスプリ　325—悪質商法』，至文堂，1994

国民生活センター編『消費者運動50年—20人が語る戦後の歩み』，ドメス出版，1996

堺次夫「マルチ商法被害と対策について－特定商取引法（改正訪問販売法）制定で被害をなくせるか－」，国際短期大学紀要第15号，2001

消費者問題の現場から（2）
4．食品企業における消費者対応の現状と課題

㈳消費者関連専門家会議常任理事
キッコーマン株式会社お客様相談センター長
滝田　章

4-1　はじめに

　昨今，我が国では消費者の企業に対する不信が頂点に達し，本来，企業の努力の成果であるはずの「商品の価値」がそのまま消費者の評価に結びつかない，あるいは不安を抱きながら購入，使用されるという，非常に憂えるべき状況に至っている。

　そのような状況に至った主な原因は，そもそも企業側の一連の事故や事件に端を発していると言えるが，その後の推移や収束の流れを見た場合，単に企業側の不誠実，努力不足を問題視する傾向に終始し，根本的な問題点の指摘や論議がなされないままに，時の経過による解決に期待する動きが社会全体に蔓延している。

　とくに食品企業にとって大きな転機であった2000（平成12）年6月の乳業メーカーによる食中毒事故発生後，日本社会全体が企業不信の大きな荒波に飲み込まれ，消費者側はひたすら不信を露わにし，企業側は経営の防衛上，過度ともいえる消費者対応に走り，残念ながら行政においても有効な指導力を発揮することができず，また，各種メディアにおいても本来の機能を失い，結果として我が国全体として多くの「富」を失うことになった。

　現在でも新聞各紙に「お詫びとお知らせ」の自主回収を知らせる社告が出ない日が無いほど日常化してしまったこのような異常事態が，はたして企業の姿勢や行動を責めるだけで改善されるものであろうか。また，行政による枠組み

づくりやメディアの機能回復により解決するものと考えることも不十分な認識と言わざるを得ない。

　起こってしまった事件，事故を教訓に企業側は重大な決意をもって改善，変更の努力をすることは無論のこと，国や消費者も多くのことを学び取り，それらの知恵，経験をもとに企業との新たな成熟した関係を模索することが重要であり，けっして企業側や国の善意に任せるだけでなく，消費者自身も学び，与えられるものを使用するのではなく，自分で判断して選択して使用する，という消費者にとって本来当たり前の行動を目指す努力が必要な段階になっているのではないか。そのような双方の努力が相俟って健全な新しい関係を構築することが可能であり，過去の経験を未来の糧に活かすことができ，より高度な社会の実現につながるものと考えている。

　本稿において，食品企業の消費者対応部門に永らく携わり，その変動の端緒から現在までをつぶさに見続け，広くその課題，方策について悩み，考え，論議してきた立場から，社会全体に対し具体的，前進的な提言を行うことを試みてみたい。その結果，我が国の社会のあり方がいくらかでも見直されることがあれば望外の喜びとするものである。

4－2　企業における消費者対応部門

（1）消費者から見た消費者対応部門の役割

　企業と最終の消費者の結びつきというものはその製品により大きく異なるものであり，一般的にBtoCに分類される分野の製品においては消費者はその製品を購入，使用し，個人的に評価をする。その結果，満足すれば再購入につながり，そうでない場合には購入をやめるか他の製品に切り替えられる。その際の評価の基準としては品質，価格，ブランド価値，容量（大きさ），環境への影響度合い，個人の嗜好などさまざまな要因が設定されるが，その基準の選択順位は消費者の一人ひとりの主観によるところが大きい。ある人は値段が1円でも安ければ品質は二の次と考えることもあり，少しくらい高くても良い品質のものをと考える人，値段や品質よりも安全で安心なものをという選択基準で購入する人など，千差万別であるのが現状である。

当然のことながら企業は消費者に選択され，購入され，使用され，満足してもらうことを目標にさまざまな努力を重ねている。具体的にはさまざまな商品企画・開発，マーケティング，品質管理，品質保証，広告宣伝等の諸活動を最終的な目標に合致させるために，経営判断のもとに有機的，効率的に資源投下されているのである。

　その意味では企業が生み出す「商品」はすべて完全で，それぞれが理想的な状態で出荷され，消費者の手に渡り満足につながることが想定されているものといえる。したがって，本来であれば企業における消費者対応部門の業務といえば，よりよい状態での購入や使用状況をサポートすることに限定されるものである。

　しかしながら現実には，企業から出荷される商品がすべて完全無比であることはなく，何らかの理由によりその一部に不具合を生じることはある程度の確率で予想されている。

　消費者の側からすると，購入し使用した結果，その商品あるいは関連するサービスにおいて不満を抱くことがある。その場合，消費者の当然の権利，行動として企業に対して不満足解消のための申し出をすることになる。申し出の方法としては購入した販売店に伝える場合と，製造した企業自身に伝える場合などがある。昨今では，消費生活センターや保健所などの公的機関に直接伝えるケースも多くなっている。

　現実的には製造した企業自身に申し出るケースがもっとも多い。それは不満足の原因が商品そのものに由来するものであり，製造した企業として当然ながら専門的な知識，情報をもっているものと判断され，不満足解消の行動をもっとも早く起こしてくれることが期待されるからである。

　そのような消費者の行動を支援するために，企業側も連絡先の情報を積極的に開示している。具体的には，食品の場合，商品のパッケージに連絡先を記載している企業は82.1％，Ｅ－メールでの受付を行っている企業が72.2％という状況になっている（表5）。

表5　消費者対応セクションの設置以外でのコミュニケーション手段

① 商品のパッケージに連絡先を記載している	82.1%
② E－メールを受け付けている	72.2%
③ フリーダイヤルを導入している	63.6%
④ モニター制度を設けている	32.1%
⑤ 定期的にキャンペーンを実施し，声を集めている	26.5%

（大坪寛子「食品企業対象コミュニケーション活動に関する調査」問6より，食品総合研究所，2006）

　現代においては消費者にとって，企業の消費者対応部門の存在は当然のことであり，むしろ24時間，365日受付対応を求める声さえ高まってきているのが現実である。一昔より以前であれば，消費者が企業に電話をし，とくにクレームを申し立てるということは，それなりに十分な根拠を要し，理論的な申し出展開に自信があって初めてできることであり，一般的にはかなり敷居の高い行動であった。しかしながら現代においては，そのようなハードルはなく，むしろきわめて日常的な行動の1つとして考えられ，行動されるようになってきている。

（2）企業からみた消費者対応部門の位置づけ

　一方，企業の側から消費者対応部門の存在を見た場合，その存在意義というものは，年々その重要性を増していることはあっても，低下していることはない。現代，食品企業において消費者対応部門を設置している企業は9割程度に達し，そのうち6割が独立したセクションの位置づけとなっている（表6）。

表6　消費者対応部門の設置

設置していない	10.5%		
設置している	87.8%	独立したセクション	全体の59.9%
		他の業務との兼務	全体の27.2%

（表5に同じ，問5）

果たしてこのような状況，状態は従来から等しく行われてきたものかといえば，現実的にはこの数年の変化と見るべきものといえる。そのきっかけは，冒頭に述べた2000（平成12）年6月の乳業メーカーによる製品事故である。無論，それよりも以前の段階からとくに大手企業においては消費者からの申し出を受け付ける部門というのは存在したが，それらはほとんどが広報部門や品質管理部門，総務部門などに内包された存在であり，機能や人員的に独立した形態をとっていた企業は限られたものであった。乳業メーカーがきっかけと述べたが，実は同じ年に目薬を使った製薬会社への脅迫事件が起こっており，その動向が大きく報じられた年でもあった。いわゆる企業にとってのリスクマネジメントが社会的な波紋をよんだ年といえる。一般消費者を起点としたリスクに対し，企業として本格的にシステム的，有機的な対応をすることが求められる時代が始まったのである。

　各企業においてもリスクマネジメントの重要性について明確に認識し，社内的に危機管理体制の強化に努めることになった。その後の加工肉メーカー，食肉卸の不祥事などが続出することにより，とくに食品企業においてその行動が顕著になった（表7）。あわせて危機管理マニュアルの整備状況についての調査では表8のとおり低率であるのは，食品企業ゆえの零細性や個人経営的色彩の濃さによるものと思われる。

表7　（食品安全の）危機管理体制の整備

① 整っている	71.6%
② 整っていない	26.5%

（表5に同じ，問28）

表8　危機管理マニュアルの整備

① 整っている	30.2%
② 整っていない	64.8%

（表5に同じ，問29）

　さて，社内において危機管理体制が整備されるときに具体的にどのような機能，あるいは組織が必要になるのかといえば，まず最初にあげられるのは「危機管理委員会」であろう。企業にとってのクライシスが発生したときに社内的に対策を検討するための横断的な緊急会議体である。社長または専務クラスをトップに各部門の責任者が集まって検討する場である。その指示のもと各担当部署が行動を起こすことになる。

　それと同時に，同様な見方をもって見直されたのが消費者対応部門の重要性，

必要性である。概ね消費者を起点とするクライシスの情報を最初に受信，取得するのは消費者対応部門だからである。無論，購入店を通じて営業部門が取得する場合や，保健所などの公的機関から品質管理部門に来る場合もあるが，それらについてはすでに組織的な充実化が進んでおり，組織，機能の強化というよりも業務に対する認識づけの問題とされた。むしろ一番消費者の情報に近いセクションであり，同時にもっとも組織体制が遅れている消費者対応部門の充実化が焦眉の課題と認識されたのである。

その結果，各企業においてリスクマネジメントの一環として消費者対応部門の充実化が急がれ，同時に社内的な消費者対応部門に対する認識が大きく変貌を遂げたのである。それまではどちらかというとご相談，ご質問承り係，苦情処理係といった，企業にとって貢献する業務というよりも，敗戦処理的意味合いで捉えられていた業務であったが，現代では企業の浮沈に直接関わる重要な情報の把握，分析機能として明確な位置づけが与えられるようになってきているのである。

(3) 社会からみた消費者対応部門のあるべき姿

以上述べてきたように現代において，企業における消費者対応部門の存在というものは，従来とはその位置づけ，重要性において大きく変化を遂げてきているものと考えられるのであるが，その背景として消費者が考える企業との距離，企業が考える消費者との距離の変化というものがある。

我が国においては戦前，戦後からバブル期まで社会の需要と供給のバランスは常に供給側に優位性があり，いかに大量に，いかに安く作るかが供給側の最大の課題であり，その先の消費者を見る視点，必要性というのは必ずしも重要性を持たない経営判断とされていた。

しかしながら社会の発展とともに供給が需要を上回ることにより「もの余り」現象が出来し，バブルの崩壊を機に供給側がその優位性を完全に失い，需要側の選択権が台頭してくるとともに，消費者自身の思考，行動に変化の兆しが見え始め，社会構造全体の変革が起こり，企業として新たな戦略が必要と考えられ始めたまさにその時期に先の企業不祥事が発生したのである。

この構造変化はけっして一過性のものではなく，消費者と企業のあり方とい

う意味ではやっと本来のあるべき姿に近づいたものと考えるべきである。元来，我が国では「お上意識」や「大企業に対する妄信」という国民，消費者としての幼稚性が蔓延し，黙っていてもけっして悪いようにはしないだろうという明確な根拠のない暗黙の了解が長年にわたって培われてきた。我が国固有の社会風土が生み出した体質であり，世界的に見ればきわめて稀で，特異な関係，存在であった。その消費者が思考，行動形態を変化させ，自分や家族の安全を自らの行動により保全するために自分自身で必要な情報を収集し，判断し，しかるべく行動をとるという，消費者として本来のあるべき行動様式を身につけてきたものと考えるべきである。

　そのような状況において，社会が企業の消費者対応部門に対して期待する視点，レベル，また要求する内容などについて明確な方向性が生み出されてきている。消費者から見れば企業の窓口として，その商品やサービスに関連するさまざまな問い合わせに迅速，的確に対応すること，不満足が発生した場合には，できる限り速やかに不満足を解消するのは当然のことで，さらに精神的な救済（リカバリー）も企業として当然果たすべき対応であると考えられている。さらに，消費者のさまざまな声に真摯に耳を傾け，商品やサービスの改善につなげるということも企業として当然のことで，せっかく意見を伝えても，それに対して具体的な目に見える行動がなければ，その企業は見捨てられることになる。

　余談ではあるが私自身この職務についてから長年，社内に向かって「製品」と「商品」の違いを訴え続けている。言葉としては同じような感覚で使われることが多いが，そこには明確な意識の差がある。つまり，企業がモノを作ればそれは「製品」であるが，それだけでは企業自身に対しなんの貢献も果たさない。その「製品」が流通を通して市場に流れ，最終的に消費者が選択し，消費され，満足を与えられれば再購入につながり，初めて企業に貢献するのである。それは商われる品物，すなわち「商品」である。要は企業は「製品」ではなく「商品」を作らなければ企業自身が存続することができないという考え方である。この簡単な論理がなかなか企業内では力を持ち得ないのが現状である。とくに歴史のある，技術力に優れた企業ほどこれが難しい。自分の力，判断に絶対的な自信を持っており，それが"素人"である消費者の声に耳を貸すという

ことに対する大きな障害になっているのである。商品の価値を決めるのは企業自身ではなく，それを使用する消費者であるという当然の判断基盤を企業が一日も早く確立することが急務と考えている。

4－2 消費者対応部門の現状と課題

（1）企業を取り囲む社会環境の変化
① 企業による社会不安の醸成

　我が国における消費者行動の変革は，諸条件がそろった段階で消費者自身ではなく，商品を提供する企業側から外圧的にきっかけを与えられたものであることは先に述べているが，はたしてその実態はどのようなものであったのか，この機会に改めて検証してみたい。

　もっとも大きなインパクトがあったのは乳業メーカーによる食中毒事故であり，同社は食品企業のなかでも超がつくほどの優良企業であったものが，現在では販売商品を限定し，社員数も何分の一かに縮小して事業を継続している。事故そのものについて見るならば，とくに使用期限の短い食品には常にその危険性は存在し，実際過去を振り返れば同様な事故というものは枚挙に暇がないほど発生してきているのであるが，それではなぜ，今回のような社会的大事件となってしまったのか。

　よく言われることの一つに，もし同事故の原発が大阪地方でなかったらその拡大の仕方は大きく変わっていただろうということがある。この地域の思考，行動様式が大きな影響を与えたというものであるが，実際には地域に対する偏見もあるので明確な論証はできないが，仮に同社の地元であり，関係者が多い北海道で同規模の事故があったとしたら消費者や社会に与えた影響はずいぶんと違ってきたであろうことは容易に想像することができる。

　次に，この事故が企業の消費者対応あるいはリスクマネジメントにおけるメルクマールとしての位置づけを持たされたことがあげられる。つまり，その後の食品業界を中心にした「自主回収」の続出が，その起点として同社の事故を常に引き合いに出し，世に名の通った企業の多くが，連日マスコミに社告を展開するという異常事態の引き金になったとみなされたのである。

もう1つ大きな要因としてマスメディアの行動がある。本来，社会の木鐸として社会に対し果たすべき役割を見失ってしまったことにより，同事故以降のあらゆる事故，事件に対し扇動的な行動に走ってしまったことが大きな加速要因になったのであるが，それについては後述することとしたい。

② 社会の高度化による不安の醸成

社会の高度発展以前の我が国においては，その食料需給はほとんどが国内でカバーされ，かなりの部分で経験に基づいた情報や判断で食の安全，安心を確保することが可能であった。しかしながら，現代においては我が国固有の産業発展構造に基づき，その食料自給率はきわめて低く，必然，海外からの調達に依存する度合いが年々ますます高くなってきている。

その結果，海外で起こる食にまつわるあらゆる事象に対し，その影響を無視することができない状況となり，当然のことながら多くの国民が世界の出来事に対し大きな関心を持つことが必要な時代となってきている。

そのような背景の中，世界では食にかかわるさまざまな出来事が発生し，我が国の消費者としても無関心ではいられなくなってきている。たとえばBSEの問題があり，遺伝子組換え作物の問題，アレルギー物質，残留農薬問題，鳥インフルエンザ，大豆イソフラボン，O-157問題など，とても彼岸の出来事として無視し続けることができない社会構造となってきている。当然のことではあるが消費者は自ら培ってきた知見や情報では対処できず，また，行政や企業の情報についても必ずしも信任を置くことができず，ただ不安感を募らせているのである。

③ 消費者行動のグローバル化

社会の発展は消費者の思考や見方だけでなく行動にも大きな影響を与え始めている。消費に関わる判断要因は国内だけに留まらず，常に海外との関連において検討することが必要になってきている。

地理的に離れていることが活動の阻害要因であるとの理由づけは，今日においてははなはだ困難なものになっている。消費者としての考え方，行動が地域内に留まることは現代においてはほとんど非現実的な見方といわざるを得ない。当然のことながら，企業側に求められる行動も消費者を上回るレベルで，世界を視野においた情報収集，経営戦略の構築を行うことが必要となっている

のである。

④ 行政の取り組み

　社会構造の変革に伴い行政においてもさまざまな消費者関連施策の取り組みが行われ始めている。その中でも特に重要な意味を持つのが一連の企業不祥事への反省に基づいた「消費者基本法」の制定である。「消費者保護基本法」の制定以来，我が国においては消費者はつねに保護されるべき存在として位置づけられ，反面，企業や行政においては消費者に対し重大な保護責任を課すという，ある意味では消費者迎合，自立阻止の方針が続けられてきた。43年ぶりに見直された法律では，国や地方公共団体，事業者の責任を明確にすると同時に，消費者自身の責任というものを明示したことが最大のテーマであり，その後の各種法律の制定や施策の実施に大きな影響を与えることになった。

　食品関連の施策では2003（平成15）年の「食品安全基本法」の制定と，同法に伴う「食品安全委員会」の設置，さらには2005（平成17）年の「食育基本法」の制定と続いている。食品という国民の生命，健康に直結する商品に対し，国として体系的な施策の取り組みを最優先課題として行ってきた結果，法体系の整備とともに具体的な施策として実施され始めている。しかしながら，いずれの政策も短期的に成果を生み出すものではなく，行政や国民，事業者など国を構成するあらゆる要素がその意義を真に理解し，継続，発展させるためにたゆまぬ努力を傾注することが必要であり，たとえ多くの時間と労力を要することであっても，この機に一丸となって取り組まなければ，この数年で失った国としての多くの富をただの浪費として終わらせてしまうことになりかねない。

⑤ マスコミによる不安の醸成

　2000（平成12）年6月以降に続出した各企業の製品事故，事件やそれに伴う自主回収などの一義的な責任は企業側にあることは当然であるが，はたしてその責任を論ずるだけでことは足りるのであろうか。国として多くの富を失うことにより得た教訓を，今後の我が国の社会の発展に最大限に活かすためには事件，事故を報道する立場として関わったメディアの存在についても同様に考察を試みる必要があるものと考える。

　メディアが「事実」を広く国民に知らせることがその最大の目的，使命の一つであることは誰にも異存はない。知りえた情報を正確に，素早く国民に提供

するためにメディアはさまざまな努力を行っている。その行動の原点は情報の入手であり，情報を獲得するために毎日行動しているともいえる。

ただし情報の獲得はあくまで手段であり，目的はそれを社会に伝えることである。しかしながら，一連の企業不祥事に関する各メディアの取材状況を見るにつけ，手段が目的化しているのではないかと思わざるを得ないような場面にいくつも遭遇した。

たとえば，先の乳業メーカーのときにおいてもその取材活動は激しく，夜討ち朝駆けは当然のこととして，取材対象者の選定や取材の仕方についてはわれわれ素人では想像もつかないような方法をとってくることがある。その企業の応接場所を当然のこととして占有し，広報担当者が四六時中求めに応じて対応することを要求する。しかも取材するという姿勢ではなく，犯罪者を詰問，取り調べるといった立場を超えた過度な行動を何の疑問ももたずに押し付けてくる。乳業メーカーの場合，そのような取材対応にあたっていた広報担当者がなにかのはずみで額をきり，血を流す場面もあったという。そのような状況を目の当たりにしていた社長が，ある日突然たまりかねて発言したことが，その前後のやり取りを省かれて，繰り返しテレビなどで報道されたことにより，その企業に対する社会の判断が決定されたというのが事の真相という。

またJRの尼崎事故の場合でも，会社側の会見の際，「あんたじゃ話にならないよ，社長をだせよ，社長を」といった取材者側の発言があったが，言葉そのものは無論のこと，言い返すことができない相手の立場に乗じた強腰の言い方というものは，私たちが毎日経験している消費者対応のうち，クレーマーといわれる悪意の申し出者のものとなんら変わることがない。

たまたまテレビで中継されていたので社会的な問題とされたが，実際には社会の目に触れない場面で同様な出来事が幾度も起こっているのである。

はたしてそのような取材活動が事実を社会に伝えようとする本来の目的から出てくるものであろうか。無論，事実をつかむためにある程度強引な手法をとらざるを得ない状況も存在することは想像に難くない。しかしながら，現状を見るにつけ目的が形骸化している危惧をもつのは多くの企業の消費者対応部門担当者の共通のものであることも事実である。

目的を見失ったメディアが実際に果たしている役割は，単に事実を伝えると

いうことではなく，むしろ煽り立てることを目的化しているのではないかとさえ思われるのである。実際，新聞社の現役の記者と話をして言われるのは，「事件，事故が起こったときに，それを沈静化させるような記事を書いてもデスクから拒絶される。読者がそのような記事を期待していない」と言われる。自分が記事を書くためには読者を煽る方向を選ばざるを得ない」ということである。彼らからすれば，自分たちがそのような記事を書きたいのではなく，それを求める読者がいるのである。卵と鶏の話と同じであるが，メディアといえども事業である以上，購読者数や視聴率を無視して方針を貫くことはできない。最終的には国民の意識や思考の健全な成熟化を待たざるを得ない話かもしれない。しかし同時に，そのことに対するメディア自身の深い，謙虚な反省も必要な時期に至っているのではないかと考えるものである。

（2）食品企業における固有の課題

現代においてはどの企業もその消費者対応について真剣に検討，考察を行い，前進的な取り組みを行っていることは事実である。ただし，その課題とするところや，取り組みの具体的施策については企業ごとに異なっているのは当然のことである。しかしながら，大きく見れば業種ごとにある程度共通した部分もあり，普遍的な施策を共有化できるものもある。

なかでも食品企業にとっては，ほかの業種とは大きく異なる固有の事業環境があり，それらを十分に精査し，適切かつ有効な施策を構築することが求められる。

それでは食品企業固有の事業環境とはいったいどのようなものであるか。その最大のものは「食品」という，ひとの生命や健康に直結する商品を扱っているということである。ひとは生きていくためには等しく食品を購入，使用することが必要であり，その不具合は万人にとって共通の関心の対象となる商品である。次に考えるべき課題としてはその事業規模がある。たとえば現在，我が国には今でもしょうゆの製造会社は全国に1,500社ほどあり，それぞれが販路先を分担，保持することにより今なお共存し得ているのである。同様に各商品ごとに多数の事業者が存在し，結果として産業構造全体の中で食品企業は一つ一つの規模は決して大きくないが，その数においては圧倒的な地位を得ている

のである。

　同様に重要な事業環境として考えなければいけないのが，その流通形態の特異性である。多くの食品が特約店という卸を通じてスーパーなどの販売店に配荷され，消費者の手に渡ることになる。情報のシステム化により流通段階までの経路把握まではかなり進んできているが，最終的な消費者の把握というのは，生協の宅配システムなどの特殊な形態を除けば事実上ほとんど不可能である。したがって，何らかの理由により回収などの必要が生じたときには個別に消費者に直接対応することはできず，不特定多数の消費者に対し呼びかけるという手段をとらざるを得ないのである。そのためのもっともポピュラーな方法が新聞による社告である。あるいは企業ホームページによる告知である。

　そのほかに食品業界固有の企業環境として，その扱い商品の単価の安さがある。一般的には１つ100円，200円のものがほとんどで，結果として回収などでかかる費用とのアンバランスが発生してくるのである。

　食品業界固有の企業環境としてもうひとつ加えるならば，政治的発言力の低さがあげられる。業界全体では大きな市場規模を持っているとはいえ，個々の事業規模は小さく，国や消費者に向かってリーダーシップを発揮する発言力や行動力は持ち合わせてはいない。このことが全体としての効果的な行動につながらない大きな要因となっているのである。

（3）消費者対応の現場からみた現状と課題

　昨年（2006（平成18）年）から頻出している製品事故として，湯沸器やストーブなどのガス機器による一酸化炭素中毒が新聞紙面などで連日報じられている。社会化したのは昨年のＰ社の事故からであるが，実際には過去20年の調査では300件以上の事故が発生しており，死者も200人近くにのぼることが判明している。

　一般読者の立場からすればこれらの件数や死者の数に驚いてしまうが，企業側の発言として「報告した死亡事故や人身事故で製品起因のものはない」ということも報じられている。つまり，事故の原因は使用者の不注意，あるいは誤使用によるものと判断しているということである。

　一方，別な報道によれば「密閉された室内でガス機器を使用する際に換気が

必要，という常識が今では常識でなくなっている」ということも報じられている。これらの情報を併せれば「企業の考える常識が，現代においてはかならずしも消費者の常識とは一致しない」ということである。

それについて識者などは「企業は常に消費者の側に立たねばならず，事故にならない製品を作るか，明確な警告を表示することが企業としての義務である」と述べている。「換気をしなかったらどんなことが起こるのか，どのくらいの空気の流量が何時間止まると，どの程度の危険が生じるのか。危険の有無だけでなく，量的に消費者に伝えなければいけない」とも述べている。

製品評価技術基盤機構（NITE）の事故情報報告（表9，平成17年度「消費生活用製品」における事故情報件数）によると，2005（平成17）年度に収集した消費生活用製品の事故情報は燃焼器具を筆頭に2,400件ほどあるが，事故原因別の分

表9　「消費生活用製品」における製品区分別事故情報件数　2005（平成17）年度

順位	製品区分	件　数	構成比
1	燃焼器具	1,055	43.7%
2	家庭用電気製品	860	35.7%
3	乗物・乗物用品	204	8.5%
4	家具・住宅用品	102	4.2%
5	身の回り品	75	3.1%
6	レジャー用品	61	2.5%
7	台所・食卓用品	23	1.0%
8	保健衛生用品	19	0.8%
9	繊維製品	8	0.3%
10	乳幼児用品	6	0.2%
	合　　　計	2,413	

経済産業省所管の消費生活用製品が関係した事故で
　① 人的被害が生じた事故
　② 人的被害が生じる可能性が高い物損事故
　③ 人的被害が生じる可能性が高い製品の不具合
に関する情報の収集結果
　（製品評価技術基盤機構資料）

表10 「消費生活用製品」における事故原因別の事故情報件数 2005(平成17)年度

事故原因区分	件数
製品に起因する事故	183
A．専ら設計上，構造上又は表示等に問題があったと考えられるもの	144
B．製品自体に問題があり，使い方も事故発生に影響したと考えられるもの	11
C．製造後，長期間経過したり，長期間の使用により性能が劣化したと考えられるもの	28
製品に起因しない事故	439
D．業者による工事，修理又は輸送中の取り扱いなどに問題があったと考えられるもの	20
E．専ら誤使用や不注意な使い方によるものと考えられるもの	399
F．その他製品に起因しないと考えられるもの	20
事故原因が判明しないもの	231
G．原因不明のもの	231
合　計	853

※2005（平成17）年度に収集した事故情報2,413件のうち，同年度に調査が終了した853件の分類（製品評価技術基盤機構資料による）

析によれば，調査を完了した853件のうち製品に起因する事故は183件であり，製品に起因しない事故は439件となっており，不明なものを除いた622件のうち7割が製品に起因するものではないと判断されている（表10，表11参照）。すなわち事故の原因は使用者の不注意，あるいは誤使用によるものと判断されたケースが7割を占めているということである。

　ガス機器と同様に，あるいはそれ以上に人の生命や健康に直結する商品である食品にも同じような視点，対応が求められていると考えるべきである。現実に，毎日受け付けている消費者からの苦情の申し出について内容的に検証すると，明らかに企業側に非がありしかるべき対応を必要とするケースは極めて稀で，ほとんどが消費者側の使用状況に基づくものと判断されるのである。食品においても製造する側が考える常識のレベルと，消費者側が考える常識のレベ

表11 「消費生活用製品」における事故原因別被害状況　2005(平成17)年度

事故原因		被害状況 人的被害				物的被害			被害無し	合計
		死亡	重傷	軽傷	小計	拡大被害	製品破損	小計		
製品に起因する事故	A	0	0	29	29	65	46	111	4	144
	B	0	0	0	0	10	0	10	1	11
	C	0	1	3	4	12	12	24	0	28
	小計	0	1	32	33	87	58	145	5	183
製品に起因しない事故	D	0	0	4	4	10	5	15	1	20
	E	31	15	92	138	240	21	261	0	399
	F	2	0	2	4	13	3	16	0	20
	小計	33	15	98	146	263	29	292	1	439
原因不明	G	23	11	40	74	105	51	156	1	231
合計		56	27	170	253	455	138	593	7	853

※2005(平成17)年度に収集した事故情報2,413件のうち，同年度に調査が終了した853件の分類
　A～Gは表10参照
(製品評価技術基盤機構資料による)

ルには大きな開きがあるのが現実である。

　われわれ企業が考える理想的な社会のあり方としては，製造され出荷された商品を，消費者がその特性を十分に理解して使用し，企業が期待するレベルで満足を得る。その結果，商品の再購入につながり，消費者と企業がともに望ましい状態になる，というサイクルが円滑に流れる状態である。

　せっかく最高の商品を提供したと思っていても，それが必要で十分な知識や情報を持たないままに使用され，消費者にとって満足を得られない，あるいは不満足につながるということになれば，企業にとってこれほど残念なことはない。そのことからもそのような現状を脱却するために企業として果たすべき役割が明確になっているものと思われる。すなわち企業は商品を提供し，あとは使用者の責任に任せるということだけであってはならない。むしろその後の対策こそが緊急かつ重要な役割，課題であることを認識する必要があるといえる。

4－3　今，食品企業の消費者対応部門が果たすべき役割

（1）失われた信頼を回復するために

　現代の我が国における，消費者と企業の信頼関係の欠如という異常な状態のそもそもの起点は一連の企業側の不祥事にあったことは先に述べたとおりであるが，そのような異常事態から一刻も早く脱却し，本来の双方の信頼関係に基づいた健全な社会のあり方を再び取り戻すために，今われわれ企業側が果たすべき責任は極めて大きなものである。徒らに時の経過を待って，事態の沈静を待つような消極的な姿勢では根本的な解決にはならず，今後さらに深刻な事態を招来することにつながるものと考えなければならない。無論，ここで企業が取り組むべき課題というのは単に企業内に留まる事柄のみを指しているのではなく，一方の当事者である消費者とも密接に関連するものであり，あるいは内容によっては行政とも連携したものを想定する必要がある。いずれにせよ，失われた信頼関係の再構築にむけて企業側が今何をなすべきか，その責務というものを明確に捉え，具体化する行動に一刻も早く取り組むべき時期に至っていることを強く認識する必要がある。

（2）今，食品企業がなすべきこと，できること

　企業がその果たすべき責務，役割を認識した場合，それを具体的な施策として実現するためには，相手である消費者の置かれている状況，視点，考え方，要望といったものを具体的に把握する必要があり，それができて初めて有効で，現実的な施策が実現できるのである。

　今，食品企業がなすべきこと，できることを考えた場合，もっとも緊急かつ重要な責務を一言で言うならば，消費者とのコミュニケーションの強化を図ることである。

　企業が努力して消費者の要望を商品という形で供給し，それを消費者が企業の期待するレベルで消費し満足を得るためには，消費者の自己努力を待つだけではいつまで経っても実現はできない，というよりもますます一層困難になってくるのは明白である。企業自らが持っている情報，知識を積極的に消費者に

伝え、理解をしてもらい、そのうえで商品を使用し満足を得てもらうための施策に重点的に取り組むことが極めて重要な課題となっているのである。

　そのような観点に立てば必然、まず情報受発信基地である消費者対応部門の重要性が認識され、その充実化が求められることになる。具体的な方向としては、組織人員の増強、受付データの収集、分析機能の整備、社内への情報発信機会の設置、受付体制の拡充（受付時間の延長、休日の受付、受付窓口の告知など）等がある。

　ハード面だけではなく、ソフト面の施策では最近、食品企業を中心に受付情報に基づく企業側の対応結果を消費者に向け発信する姿勢が強化されている。「お客様の声を活かしました」という告知欄がほとんどの食品各社のホームページにあるのは、このような情報発信に関する考え方に基づいた行動である。情報を一方的に聞くだけでなく、それをもとに改善の努力を行い、その実現結果を消費者にお知らせする。この双方向のコミュニケーションこそが一番重要であり、その地道な努力の果てにやがて確かな信頼関係の絆が見えてくるのである。

（3）消費者が期待する企業の消費者対応部門のあり方

　現代を生きる人々にとって必要とされる知識や情報の範囲、量、質は限りなく拡大され、当然のことながらその取得には優先順位がつけられ、あるいは個人の獲得能力にも限界があるため、必要度合いによって取捨選択されるのが普通である。

　まして食品のような商品においては、年々その必要性が低くなってきているのが現状である。その昔、人類が生きていくために必要な知識、情報の最優先課題は「衣・食・住」であり、それが確保されれば人はどうにか生きていくことができた。しかし、現代にあってはとくに我が国においては、それらの課題の必要性は年々低下し、それらはあるのが当たり前で、お金さえあれば誰にでも入手可能であり、特別な専門的知識を要する問題ではなくなってきている。となるとそれらの情報は必要な範囲で必要な時に、必要な量だけを得られればことが足りる、という社会状況になっている。どの企業にも消費者対応部門があり、必要に応じて情報を入手できればことは足りるのである。その意味から

も企業の消費者対応部門の充実化は社会の要請に応えるための重要な戦略といえるのである。

(4) 具体的な行動に関する提案

今まで述べてきたように，企業と消費者のあり方に関する社会の要請は一致しており，消費者は必要な情報の提供を求めており，企業は提供する能力も意思も持っている。あとは消費者がどのような情報を求め，どのような方法で伝えることがもっとも確実で効率的・効果的か，内容・方法についてあらゆる手段を使って検証することが重要である。いま食品企業では「食育」をテーマにしたいろいろな取り組みを行い始めている。また，行政レベルでも学校の授業を中心に「食育」を展開し始め，長い目で国民の「食」に関する知識の向上を目指している。それらの活動がそれぞれの領域で，歩調をあわせ，効率的・効果的に取り組むことが必要である。

では企業にとって効率的・効果的手段としてどのような方策が考えられるのか。まず考えなければいけないのは，国や消費者団体，メディアなどの取り組みと有機的に連動しながら，なおかつ，企業にしかできない，企業だからこそできる方法を見出すことである。

もちろん，毎日，消費者対応部門で消費者に対し情報を伝えることもひとつの有効な方策であり，あるいはホームページに情報伝達のコーナーを設け啓発に努めることも有用な方策である。また，店頭キャンペーンやテレビCMなどで直接話しかけることも有効な方策であり，これらについてはほとんどの企業ですでに実施されている。しかしながら，これらの手段の課題は伝達の対象が限定されるということである。消費者対応部門に電話をしてこられた方，ホームページにアクセスした方，テレビを見た方などにのみ情報の提供が限定されるということである。

それではもっと有効で，もっと確実な方法はないか。私が長年の実務から得たひとつのアイディアを提示する。それは商品ラベルの活用である。当然のことながら消費者と企業の関係は，その企業の商品を消費者が手にしたときから始まる。購入し使用した結果，満足を得るか不満足が生じるか，いずれにせよその時点から両者の関係が始まるのである。ということは，例外も一部あるに

せよ，企業が行う情報伝達の対象者の手元には必ずその商品があるということである。このことの意味はきわめて重要である。行政や団体，メディアなどが行う情報伝達には関心を持った人だけが対象という制約があるが，企業がラベルを通じて行う伝達には，対象者の手に必ず商品がある，という絶対的な強みがあるのである。

　それではその強みを活かした方策とはいかなるものであるのか。まず，伝えたい情報を決めることから始まる。企業として消費者が商品を使用する際にこれだけは是非とも知っておいてほしいと思う情報は何か。もちろん他社商品と比較した自社商品の優位性や特長を訴えたいことなどは別で，そのような訴求ポイントとは別に，その商品の固有の使用条件に照らして，是非とも伝えたい情報に限定して選択することが必要である。

　幸いなことに食品の場合，企業は異なっていてもその商品の区分によって必要な情報の内容はきわめて共通していることが多い。たとえば「麺つゆ」という商品を考えてみよう。一般に市販されている商品を見るとそのまま薄めずに使うストレートタイプ，何倍かに水で薄めて使う濃縮タイプに分類されるが，いずれも一度開栓すると容器内に空気が入り，酸化や発酵，空気中に含まれるカビの増殖などが始まる。現代ではほとんどの企業が防腐剤や保存料というものを使用していないので，そのような変化は当然のことと考えられる。ストレートか濃縮かによって変化の時間が異なるだけである。ストレートのものは一番日持ちせず，冷蔵庫保管をしても1週間と持たない。濃縮ものでも1～2週間が限度である。冷蔵庫の温度維持状態や季節によるカビの活性状況によってずいぶんと幅があるので厳密な日数の設定は難しい。しかしいずれにせよ変敗するのだけは確実である。

　以前の家庭では麺つゆというものは，それぞれの家庭においてしょうゆとみりん，だしを用いて作るのが当たり前で，当然残ったものの変質状況ということについては知識，情報を持ち合わせていた。残ったものをいくら冷蔵庫に入れても，1週間以上過ぎたものをまた使うという発想は出てこなかった。しかし，現代人は知識，情報を持っていないがために，栓をしっかり閉めて冷蔵庫に入れておけばいつまでも安全と考えてしまうことが余りに多いので，こちらが吃驚してしまうほどである。

すると、いま麺つゆについて消費者に訴えるべき情報は何かということを考えると、一度開栓すると、その時点から変質が始まるということ、冷蔵庫に入れても何日くらいで飲食には適さなくなるということ、変質した場合どのような状態になるかということ、そのような変質した商品を口にした場合、どのような影響が発生するかということなどである。

発信したい情報についておおよそこれらの共通したものがありながら、残念ながら各社それぞれの判断、選択で表示されており、消費者からすると購入した商品ごとに表示内容が違っているので、なかなか必要情報として定着することにつながっていない。

このような状況はほとんどの商品区分についていえることであり、仮にそれぞれの商品分野において業者が一緒に検討、協議し、記載事項について共通化できれば、消費者の理解、判断に大きな力を発揮することは確実である。どの企業の商品を購入しても同じことが注意表記として記載されている。繰り返し同じ表記に目を通すことにより消費者が必要な情報を確実に身につけることになる。このような作業はなかなか企業間からは発想が出てこないので、(財)食品産業センターなどの業界団体が主体となって呼びかけることが必要と思われる。

(5) まとめとして――社会への要望

いま企業は過去の経緯を反省し、企業の本来のあり方を目指して新たな取り組みを行おうとさまざまな模索を行っている。しかしながら残念なことではあるが、いまなお消費者の期待を裏切るような企業の行為が出てくる現状を、もっとも悲しく、辛い気持ちで見ているのは企業自身である。まだまだ十分な認識をもち得ない企業があることは現実であり、そのような企業が激しく社会から糾弾されることを自らの戒めとして、さらにいっそうの努力を傾ける決意を持つのは全ての企業人に共通の認識と考えるものである。

そのうえで、現在起こっている企業の消費者対応の現状について一言、社会、とりわけメディア、消費者団体に対し申し述べたいことがある。

1つの例として一昨年の春から顕在化したM電器社の「石油暖房機」による排気ガス中毒事故をあげると、2005(平成17)年春に最初の報道があり、同社は

社告を行い，自主回収を実施した。やがて回収作業も一段落し，行政当局に対し終了宣言をし，当局もそれを受理した。ところがその半年後，同様な事故が再び起こり，同社は年末年始に一切のテレビCMを中止し，すべて自主回収の告知に切り替えて集中的に放送した経緯は誰でも記憶しているところである。その後，全国の家庭に6,000万通のDMを発送し，徹底した回収活動を今でも続けている。それにも関わらず2年ほど経過した今なお，回収率は60％台にとどまっている。かけた費用は数百億円といわれている。対象の商品は15年前まで販売されていたものであり，耐久性などを考えれば廃棄されたものが多く，これ以上回収率を上げることは不可能だろうというのが国民多数の真意なのではなかろうか。それではなぜ，同社は今なお回収作業を継続しているのか。それは社会が中止を認めないから，または認めないと考えているからである。一度終了宣言をした後に同様な事故が起こったということは，それほど重い事実なのである。回収率が100％にならない限り，同社から終了宣言をすることは許されないのである。行政も同様に一度終了宣言を受理したことが足かせとなり，自ら行政指示を出せなくなっている。

　成熟した社会状況であれば，これほど告知に努めた現時点までの同社の行動を評価し，これ以降，仮に同様な事故が発生したとしても，それは消費者の自己責任との判断がなされるべきではないかと思われる。

　先の乳業メーカーにしても「食中毒事件対策課」というセクションを今なお継続しており，7年たった現在でも活動を維持することが求められている。

　社会に対し消費者を裏切るような行為を行った企業がその責めを負い，必要な対策を講じることは当然のことである。ただし，その行為にも限度があり，一定の成果を得たのちは消費者側の自己責任に置き換えるという考え方が出てくることが必要である。それが成熟した社会である。

　企業も行政も過去の経緯がトラウマとなり，社会に対し指導的な発言ができない以上，それを行えるのはメディアであり，消費者団体である。行政も企業も国民からの信頼を失っている現在，唯一，信頼を維持し，発言力を持つのはメディアである。彼らが自らの立場，影響力を真に理解し，必要な行動を起こすことが求められているのである。

　2000（平成12）年夏以来，我が国で失われた国の富は計り知れないものがある

が，その結果，国も企業も消費者も多くのことを失い，多くのことを得たはずである。一度失ったものは取り戻すことはできないが，それを糧に，新たに勝ちとるものが失ったものを超えることができさえすれば，けっして「失われた7年」という評価は出てこないはずである。

　国，企業，メディア，消費者が反目しあうのではなく，より良い社会の実現を目指してともに行動を起こすことが必要な時代となっているのである。

消費者問題の現場から（3）
5．長野県における消費生活相談の概況と県消費者行政の課題

長野消費生活センター所長
高橋加代子

5－1　長野県における消費生活相談の概況

（1）はじめに

　長野県の人口は，およそ219万人で，2001（平成13）年度以降少しずつ減少している。このうち，65歳以上の人の割合は，22.8％（2003（平成15）年度）と，全国平均よりやや多く，高齢者のみの世帯が増加している。県では，長野・松本・飯田・上田の4ヶ所の消費生活センター及び岡谷の支所で，消費生活に関する相談を受け付け，消費者への助言や業者との斡旋交渉，情報提供などを行っている。

　2005（平成17）年度中にこれらの消費生活センターに寄せられた相談件数は，33,135件で，対前年度比では74.7％だが，10年前の1995（平成7）年度の相談件数6,812件と比較すると約4.8倍に増加している。2004（平成16）年度と比べ，2005（平成17）年度に相談件数が減少した要因は，携帯電話などの「不当請求」に関しての相談の減少によるものである（図4参照）。

（2）苦情相談の受付状況
① 苦情相談の品目別及び内容別内訳

　2005（平成17）年度の相談を，商品・サービスの品目別に見ると最多は，はがき・封書による架空請求，携帯電話やインターネットのいわゆるワンクリック詐欺に代表される「運輸・通信」で，合わせて8,012件，サラ金などからの借金，

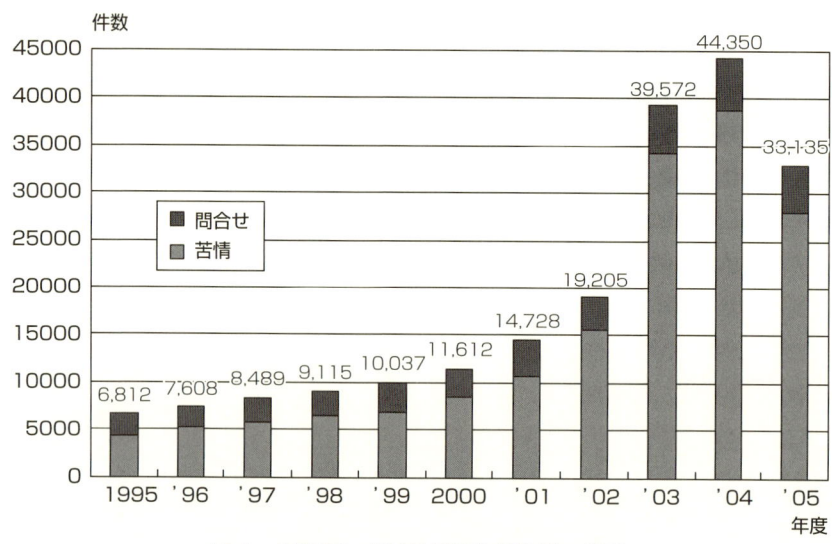

図4 長野県における消費生活相談の推移
（長野県消費者行政関連資料より作成）

ヤミ金融・多重債務などに代表される「融資サービス」が2,878件，賃貸アパートの敷金返還や，電話機などのリース契約など「レンタル・リース・賃貸」が698件などとなっている（品目は国民生活センターの「PIO-NET」の入力区分による）（**表12参照**）。

　相談の内容としては，「契約（解約）」に関するものが17,973件で最も多く，全相談の63.9%を占めている。次いで，「販売方法」に関するものが14,643件，「価格・料金」に関するものが2,717件である（**表13**）。

表12　2005（平成17）年度品目別相談件数（上位10分野）

順位	商品・役務の分類	件　数	前年順位	主な商品・役務名及び件数
1	他の運輸・通信	8,012(24,565)	1	電話情報サービス 5,637(23,041), オンライン情報サービス 1,597(1,337), プロバイダ 56(79)
2	商品一般	7,098 (1,852)	3	
3	融資サービス	2,878 (3,464)	2	フリーローン・消費者金融 2,780(3,423)
4	役務その他	714 (423)	8	結婚相手紹介サービス 84(87), 広告代理サービス 63(77), 祈祷サービス 53(37)
5	レンタル・リース・賃借	698 (491)	6	賃貸アパート 343(297), リースサービス 195(91), 借家 67(39), レンタルビデオ 38(48)
6	家具・寝具類	520 (515)	5	ふとん 164(354), 羽毛ぶとん 65(50)
7	工事・建築・加工	518 (379)	9	新築工事 116(74), 増改築工事 78(63), 屋根工事 70(105), 塗装工事 69(34)
8	学習教材	498 (756)	4	資格取得用教材 217(400), 補習用教材（セット）162(157), 教養娯楽教材 67(84)
9	書籍・印刷物	431 (462)	7	単行本 141(177), 新聞 115(97), 紳士録・名簿 83(101), 雑誌 45(37)
10	電報・電話	371 (243)	13	電話関連サービス 289(129), 移動電話サービス 53(33), 国際電話 13(57)

(注)（　）内は前年
(長野県消費者行政関連資料より作成)

表13 2005（平成17）年度内容別相談件数

区　　分	相談件数	全相談件数に占める割合（％）	前年比（％）
契　約（解　約）	17,973	63.9	87.8
販　売　方　法	14,643	52.1	69.9
価　格　・　料　金	2,717	9.7	93.3
接　客　対　応	1,307	4.6	132.6
品質・機能・役務品質	792	2.8	110.3
表　示　・　広　告	727	2.6	133.4
安　全　・　衛　生	234	0.8	149.0
法　規　・　基　準	115	0.4	244.7
計　量　・　量　目	16	0.06	84.2
包　装　・　容　器	4	0.01	200.0
施　設　・　設　備	6	0.02	－
全　相　談　件　数	28,113		72.2

（注）相談件数は複数集計
（長野県消費者行政関連資料より作成）

② 販売方法別内訳

　相談を販売方法別に見てみると，特殊販売（訪問販売などの無店舗販売）に関する相談は19,386件と，全相談の69％を占めている。この内最も多い販売方法は「通信販売」で15,227件である（主として，はがきや封書による「架空請求」，携帯電話やインターネットを介しての不当請求など）。次いで多いのが「訪問販売」の2,349件で，特に高齢者からの相談では訪販に関するものが多い。勤労者に電話などで資格取得のための講座の受講契約を執拗に勧める「講座・士商法」は451件，若者や家庭の主婦などに被害の多い「マルチ商法」が377件，電話で呼び出した上で高額な宝石や絵画などを契約させる「アポイントメント商法」が283件と続いている（表15参照）。

　前年度と比較してみると，「訪問販売」が226件増（110.6％），「マルチ商法」が71件増（123.2％），「SF（催眠）商法」が29件増（116.4％）となっている。

表14 2005（平成17）年度契約・購入金額別相談件数

	件　数	構成比（％）	前年度比（％）
1万円未満	447	4.8	80.1
1万円～5万円	2,386	25.8	35.1
5万円～10万円	1,557	16.8	70.0
10万円～50万円	2,328	25.2	69.9
50万円～100万円	1,123	12.2	102.0
100万円～500万円	1,147	12.4	96.8
500万円～1,000万円	149	1.6	89.2
1,000万円～5,000万円	98	1.1	118.1
5,000万円以上	7	0.1	350.0
合　　計	9,242	100.0	59.8
平　均　金　額	814,174		169.5

（注）件数は、2005（平成17）年度の総件数28,113件のうち、金額が不明の18,871件を除く。
（長野県消費者行政関連資料より作成）

表15 2005（平成17）年度販売方法別相談件数

	件　数	構成比（％）	前年度比（％）
通　信　販　売	15,227	54.2	52.6
訪　問　販　売	2,349	8.4	110.6
講　座・士　商　法	451	1.6	66.1
マ　ル　チ　商　法	377	1.3	123.2
アポイントメント商法	283	1.0	77.7
ＳＦ（催眠）商法	206	0.7	116.4
商　品　先　物　取　引	130	0.5	73.9
内職・モニター商法	103	0.4	51.2
ネガティブ・オプション	92	0.3	113.6
キャッチセールス	55	0.2	94.8
その他無店舗販売	113	0.4	94.2
特　殊　販　売　計	19,386	69.0	58.3
特　殊　販　売　以　外	8,727	31.0	153.0
合　　計	28,113	100.0	72.2

（長野県消費者行政関連資料より作成）

③ 主な特殊販売の商品別・年齢別(契約当事者)内訳の特徴

主な特殊販売について,商品別に相談の多い順では「電話情報サービス」5,606件,「商品一般」3,737件,「オンライン情報サービス」1,594件,「消費者金融」1,273件となっている(消費者金融の店舗に行ったり,無人契約機で借りたりした場合は,店舗販売となるので特殊販売に含まれない)。訪問販売では,電話機などの「リースサービス」174件,「ふとん」167件,「補修用教材」98件である。講座・士商法では,「資格取得用教材」174件が最も多い。

相談当事者の年齢別にみると,「訪問販売」や「SF(催眠)商法」では,高齢者からの相談が多く,講座・士商法では30歳代・40歳代,マルチ商法やアポイントメント商法については20歳代が最も多い。電話情報サービスや,はがきなどによる「架空請求」では,20歳代から60歳代まで幅広く,借金など金融サービスについては30〜50歳代を中心に,20歳代の人からの相談も多くなっている(図5参照)。

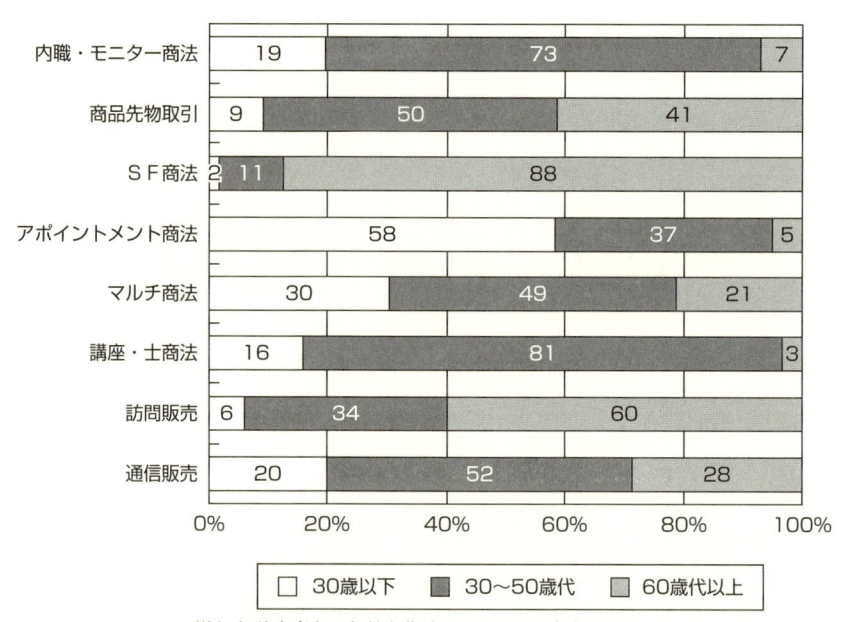

商法	30歳以下	30〜50歳代	60歳代以上
内職・モニター商法	19	73	7
商品先物取引	9	50	41
SF商法	2	11	88
アポイントメント商法	58	37	5
マルチ商法	30	49	21
講座・士商法	16	81	3
訪問販売	6	34	60
通信販売	20	52	28

(注)相談当事者の年齢を集計。グラフ中の太字は%

図5 主な特殊販売の世代別構成比(2005(平成17)年度)

(長野県消費者行政関連資料より作成)

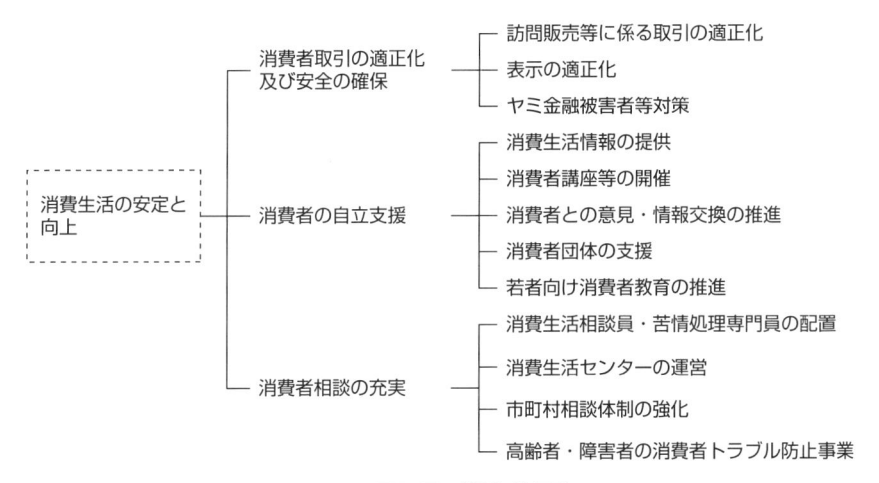

5-2　長野県の消費者行政

（1）県の消費者行政施策体系

長野県では，本庁（生活環境部生活文化課消費者係），地方事務所，消費生活センターが役割分担しつつ，市町村・関係機関等と連携を取りながら，図6の施策を展開している。

```
                    ┌─ 消費者取引の適正化　┬─ 訪問販売等に係る取引の適正化
                    │  及び安全の確保    ├─ 表示の適正化
                    │                    └─ ヤミ金融被害者等対策
                    │
                    │                    ┌─ 消費生活情報の提供
                    │                    ├─ 消費者講座等の開催
消費生活の安定と ───┼─ 消費者の自立支援  ├─ 消費者との意見・情報交換の推進
向上                │                    ├─ 消費者団体の支援
                    │                    └─ 若者向け消費者教育の推進
                    │
                    │                    ┌─ 消費生活相談員・苦情処理専門員の配置
                    │                    ├─ 消費生活センターの運営
                    └─ 消費者相談の充実  ├─ 市町村相談体制の強化
                                         └─ 高齢者・障害者の消費者トラブル防止事業
```

図6　長野県の消費者行政

① 生活文化課が中心になって取り組む主な施策

生活文化課では，消費者行政全般について総合的な施策の推進を担当している。これから検討が本格化する「長野県消費生活条例」（仮称）の制定に関することや，消費生活センターの維持運営，市町村への指導，国や市町村との政策調整などを基本にしながら，特に次の部分を担当する。

　a．訪問販売等に係る取引の適正化

特定商取引に関する法律，長野県消費者保護対策要綱，訪問販売等トラブル情報提供要綱等に基づき，消費生活センターからの情報などにより，特に指導を要する事業者への是正指導を行うほか，消費者トラブルの発生と被害の拡大防止のため，情報を消費者に提供する。

b．ヤミ金融被害者等への対策

　県警，弁護士会，司法書士会等と連携して「ヤミ金融被害者救済緊急対策会議」を随時開催し，併せて「多重債務問題研究会」を開催して，関係機関との情報共有，相談体制の充実，国・金融機関などへの要望書等の提出，消費者への啓発等の対策を実施する。

　c．消費生活情報の提供

　情報誌「暮らしマル得情報」の発行（年6回，各105,000部，全戸回覧），県のホームページ（消費生活情報）による情報提供，消費者への啓発資料の作成・配布。

　d．消費者団体への支援

　「消費者フォーラム」の開催。生活協同組合の指導育成。消費者の自立活動事業を行う消費者団体に対する助成。

　e．消費生活相談員の専門性向上，及び，市町村相談体制強化のための研修会の開催

　f．商品や製品の安全性確保，表示の適正化，物価安定に関する施策などの推進

　g．高校生・短大生などを対象とした出前講座，教員を対象にした金融に関するセミナーの実施

② 地方事務所が中心になって取り組む主な施策

　a．表示の適正化

　虚偽・誇大な表示・広告，過大な景品による顧客誘引を防止するための監視・指導等を実施。

　b．消費者問題地域懇談会の開催

　地域の消費者団体，市町村などと連携して開催。

③ 消費生活センターの業務

　消費生活センターは，消費者保護基本法（1968（昭和43）年5月公布）の制定，及び翌年の地方自治法改正を受けて，全国の都道府県や政令指定都市に開設された。長野県では1965（昭和40）年4月に「企画部企画課消費者係」が発足し，1970（昭和45）年11月，「消費生活センター」としてスタートし，その後，松本市・飯田市・上田市に設置し，2005（平成17）年に岡谷支所を開設した。主な業

務としては次のとおりである。

　a．消費生活に関する苦情・相談処理

　消費生活に関する苦情・相談を受け付け，消費者への助言・指導・援助を行う。必要に応じて事業者への斡旋交渉を行い，解決を図る。相談は電話相談及び面談で行い，予約無しで受け付け，相談処理には主として「消費生活相談員」があたり，契約に至る経過や契約内容，支払い状況などを詳しく聞き取り，助言や斡旋を行う。その情報はカード化して「独立行政法人国民生活センター」の「PIO-NET」システムに集積する。より専門性の高い，または処理困難な案件については，苦情処理専門員（弁護士，司法書士）の指導・助言を得て処理する他，国民生活センターとの共同処理・経由相談なども行う。

　b．消費者の自立支援

　消費者の自立を支援するため，誰でも参加できる「消費生活教室」を随時開催すると共に，地域の消費者リーダーを養成するために，定員制の「消費生活大学」を開講する。消費者団体を育成するため，「消費者の会連絡会」の事務局を担当し，活動を援助する。また，消費者月間記念行事として，講演会の開催，パネル展などを実施する。

　c．高齢者・障害者の消費者トラブル防止事業

　特に被害に遭いやすく，自主交渉が困難な，高齢者・障害者の消費トラブルを未然防止，または早期に救済するため，当事者に身近で日頃から信頼関係のある「民生・児童委員」や，ケアマネージャー，ホームヘルパー等を対象にした出前講座等を実施して情報を提供し，協力を要請する。

　d．高校生，社会人等を対象の消費者教育の実施

　高校等を卒業予定の生徒を対象にした学校での消費者教育，公民館や企業，労働組合，高齢者学級，消費者団体などが主催する講座へ講師を派遣し，消費者教育を行う。

　e．商品テストの受付

　消費者からの苦情・相談の中で，希望や必要に応じて「商品テスト」を受け付け，国民生活センターの「商品テスト部」にテストを依頼し，その結果を消費者・事業者に伝える。

　f．さまざまな媒体を使っての消費者啓発

消費生活センターの情報誌を定期的に発行する他，新聞やタウン誌，テレビ，有線放送等を通じて最近の相談事例や，消費者への助言等を随時行う他，ホームページを活用して広報する。

　g．市町村の相談体制強化への援助

市町村の相談体制を強化するため，消費生活行政担当者研修会の開催，市町村相談窓口で受け付けた相談に関する担当者への助言，共同処理などを行う。

　h．事業者への是正指導等

消費者からの苦情相談の件数や苦情内容などにより，特定商取引法，長野県消費者保護対策要綱等の法令に基づき，必要に応じて事業者への是正指導を行う。

　i．トラブル情報の提供

「訪問販売等トラブル情報提供要綱」に基づき，必要に応じて県警や市町村，報道機関などに，トラブル情報を提供して被害の拡大防止をはかる。

5－3　県消費生活行政の課題

（1）近年における長野県消費者行政の進展
①「ヤミ金融被害者救済対策」

ヤミ金融被害者の急増，県会での質問等を受けて長野県では，2002（平成14）年12月27日から「ヤミ金110番」を設置，消費生活センターなどで2006（平成18）年8月末までに，11,340件の相談を受け付けた。併せて「ヤミ金融被害者救済緊急対策会議」（弁護士会など15団体＋1オブザーバー）を設置，不正に利用されている銀行口座の閉鎖依頼，被害者の離職防止対策，ヤミ金融情報の一元化と県警や弁護士会へのフィードバック，貸金業制度改革に関する要望などを行ってきた。2005（平成17）年6月15日には，金融庁の「貸金業制度等に関する懇談会」第4回への出席を要請され，当時の生活環境部長等が，県としてのこれまでの取り組みを報告，要望等について発言した。

②「多重債務問題研究会」

ヤミ金融の被害者の多くが多重債務に陥っていることから，2004（平成16）年6月3日，11団体＋6オブザーバーで研究会を発足させ，相談体制の強化，事

例検討，過剰与信対策，被害者の生活再建策等を研究・検討し，2006（平成18）年10月に「シンポジウム」を開催，県内外から160名が参加した。

③ 消費生活相談体制の強化

2003（平成15）年9月，「ヤミ金融相談員」を，4ヶ所の消費生活センターに計5名配置した。2005（平成17）年度当初からは，この5名分の振替＋2名，計7名の消費生活相談員を増員した（2002（平成14）年度までは消費生活相談員は11名）。

④ 「松本消費生活センター岡谷支所」（通称「消費生活センターおかや」）の開所

急増する消費生活相談及び，諏訪地区住民からの要望に応えて長野県は，2005（平成17）年11月11日，JR岡谷駅前の商業ビル内に「消費生活センターおかや」をオープンした。

（2）長野県消費者行政の当面する課題

長野県の人口が2001（平成13）年をピークに減少し，その速度も全国平均より速いと予測されている。一方，高齢者の占める割合は増加し続けている中にあって，消費生活の安心と安全を確保するためには，県・市町村などの行政機関と，福祉関係者，法の専門家，教育関係者などがそれぞれ役割を果たしつつ，相互に密接な連携を図ってゆくことが重要である。

① 「長野県消費生活条例」（仮称）の制定に向けて

消費者の権利の尊重と自立の支援を掲げた「消費者基本法」が2004（平成16）年6月に公布・施行されたことを受けて，多くの都道府県及び政令指定都市では，いわゆる「消費生活条例」（各自治体により名称はさまざま）の改正作業を行っている（2006（平成18）年6月10日現在，改正済み39県，予定6県）。とりわけ東京都においては，「第19次東京都消費生活対策審議会」の答申がとりまとめられた（2006（平成18）年10月13日）。この中には，被害の実態や国の事業者規制の動向を踏まえ，実効性ある条例改正を行うことが必要，として「適合性原則の導入」「消費者の望まない勧誘の禁止」，「悪質事業者への処分強化等」などが盛り込まれている。

長野県は，都道府県としては唯一「条例」を作らず，1976（昭和51）年に制定した「長野県消費者保護対策要綱」で対応してきた。しかし，条例の規制が厳

しい首都圏などからの業者が県内に入っている実態が顕著である一方で，不適正な取引を行っている事業者への行政指導，業者名の公表を含む「処分」などは実施できにくい状態が続いている。また，「条例」が県議会の議決を要し，その改廃には県民からの意見を聴く機会を設ける必要があるのに対して，「要綱」は議決を要しないため，担当部局が容易に内容を変更できることなど，住民にとって見えにくく，ほとんどの県民がその存在すら知らないこと。さらに，現在の「要綱」の内容は，制定当時の社会情勢を反映して，特に生活物資の流通や，価格の安定などを主な内容としており，現在の消費生活相談等の実態にそぐわないことなどから，消費者団体や弁護士会などから早期に「条例」の制定を望む声が寄せられていた。消費生活センターの相談現場からも，強引な勧誘や不適正な取引行為を繰り返す事業者について，業者名の公表を含む必要な措置を，「条例」に基づいて実施することができれば，被害の未然・拡大防止や，事業者の不当な行為への抑止力につながるとして要望してきた。長野県消費者団体連絡協議会（「県消団連」）は，条例制定に向けて県への申し入れ，学習会の開催，消費者トラブルアンケートの実施，県会各会派への働きかけなどを行ってきた。特に2006（平成18）年度には，パンフレット「長野県消費生活条例をみんなで作りましょう！」の作成，アンケート結果の取りまとめ，独自の「条例案」の作成に基づく県への申し入れなどを行った。

　長野県議会の6月定例会において，長野県消団連から提出された「県消費生活条例（仮称）の制定を求めることについて」の請願は，2006（平成18）年7月10日，全会一致で採択された。9月県議会代表質問では，宮澤敏文議員の質問に対して村井知事は10月3日「‥‥消費者の権利の尊重と自立の支援を目指しまして，条例制定を含めまして，総合的な施策の検討を関係部局で進めてまいります」と答弁した。また，10月12日の一般質問で木曽生活部環境部長は「‥‥先ずは今後の取り組みについて関係部局と検討する場を設けます。さらに，施策の実効性を高めるためには，関係する方々の理解を得ることが重要であることから，消費者団体，事業者団体，学識経験者，市町村等の代表者による御議論の場も必要と考えております。‥‥略‥」。また，制定の時期については，「遅くとも（平成）20年度‥‥その前，なるべく早く最大限の努力をさせていただく」と答弁した。

② 消費生活条例（仮称）の制定とその活用は，消費者自身の手にかかっている

　条例の制定は，それ自体が目的ではないことは言うまでもない。条例制定の過程をとおして，さまざまな立場の人が消費者の置かれている現状を知り，歴史や法制度を学び，消費者の権利とはなにか，自立した消費者とは？　などを議論し，考える，格好の機会となってほしい。また，条例が制定されたからといって，それだけですべてうまくいくというわけではない。消費者からの「申し出」を始めとして，積極的な発言や行動があってこそ，条例が活かされる。さらに，商品の危害防止や表示の適正化等についても，条例を活用して申し出をするなど，まさに「使って活きる」権利にしていくことができるかどうか，消費者の手にかかっていると言える。

③ 消費生活センターの機能強化と相談員の処遇改善

　消費者が無料で気軽に相談できて，専門的な助言を得ることができ，場合によっては業者との斡旋交渉も行う「消費生活センター」は，岡谷支所を除くと平日午前8時30分から午後5時までの相談受付となっているが，受付時間の延長や土日開所の必要性などについて検討が必要である。また，センターとしての専門性をより高めるために，行政職員の人事配置のあり方，特別職である「消費生活相談員」の処遇改善と地位向上なども重要である。

④ 市町村の相談体制の強化

　市町村もそれぞれ消費生活相談の窓口を設けているが，各自治体により，専門の職員や相談員をおいているところ，「消費生活センター」の名称を掲げているところ，職員が他の業務と兼務しているところとさまざまである。消費者が身近に相談できるためには，少なくとも「市」にあっては，専門部署を設け，専門性のある職員（または相談員）を置き，できれば「消費生活センター」として業務を行ってほしい（相談内容によって，県のセンターと連携して処理することになる）。市町村の相談体制の一層の強化のためには，県として最大限の支援を行う必要がある。

⑤ 高齢者・障害者の消費者トラブル防止

　高齢社会の一層の進行，高齢者のみ世帯の増加，障害者の地域移行などに伴い，これらの人々を消費者トラブルから守り，もしくは早期に救済することが

ますます重要になっている。民生委員や福祉関係者への協力依頼はもとより，比較的元気な「前期高齢者」の方々にも役割を担ってもらい，地域ぐるみで見守る「安心ネットワーク（仮称）」の構築が必要である。

⑥ **学校教育での「消費者教育」**

携帯電話やインターネットの急速な普及，消費者金融の業務拡大などに伴い，若い消費者が消費者トラブルに巻き込まれる機会が増えている。その一方で，学校現場ではほとんどと言ってよいほど「消費者教育」が行われないままになっている。このままでは，事業者と消費者の情報量・交渉力の格差はますます拡がり，新たな消費者被害も発生してゆく。学校を始めあらゆる教育の課程において「消費者教育」が系統的に取り組まれるべきである。

5－4　長野県「ヤミ金融被害」・「多重債務者」対策の概要

長野県の「ヤミ金融被害」・「多重債務者」対策は，全国に先駆けて行われており，大きな成果をあげつつある。以下，これらの対策が実施されるに至った経緯，対策の具体的な内容等を概観してみたい。

(1)「ヤミ金融被害者救済緊急対策会議」及び「ヤミ金110番」の設置

「ヤミ金融」とは，貸金業の登録許可を得ないで，「業」として貸金をする，または，「出資法」の上限金利を超えた高金利を取る業者のことを言う。自己破産して借金できなくなった人や，消費者金融などからの借金返済に行き詰まった人々に，ダイレクトメールなどで「即融資・ブラック（リスト）オーケー」とか，「年利数パーセント」などといった甘言で勧誘し，電話をかけてきた人の勤め先や周辺の情報を先に聞きだし，わずかな金を振り込んできて高利を要求し，本人だけでなく周辺の人たちにまで執拗に嫌がらせをして金を際限なく取り上げ，精神的に追い詰める。2005（平成15）年の6月に大阪府八尾市で，60歳代の夫婦と80歳代の兄の三人が線路に座り込んで心中した事件も，ヤミ金融の嫌がらせに追い詰められた結果での悲惨な出来事である。

〔ヤミ金対策会議設置の経過〕

全国的に2000～2001（平成12～13）年頃からヤミ金融の被害が増加し，社会問

題化していたことから，弁護士会や「クレ・サラ・商工ローン被害者の会」などが，ヤミ金融撲滅と被害者救済のための運動を展開した。また，県の消費生活センターにも，深刻な相談が数多く寄せられるようになっていた。長野県では2002（平成14）年5月の消費者月間に，県の広報誌「くらしまる得情報」に，「ヤミ金融Q&A」を特集で載せるなど，住民に注意を促す内容で広報を行った。

同年9月県議会では小林伸陽議員が一般質問で「ヤミ金融問題」に関して，県の対応を質した。これに対して当時の県警本部長は「…厳正に対処する。県とも連携を図り，啓発活動と被害の早期救済に対処する…」等と答弁し，生活環境部長も「…相談体制の強化，県警や県弁護士会への情報提供，市町村職員の専門知識習得などに努める…」と，前向きな答弁を行った。

〔ヤミ金110番〕

2002（平成14）年の暮れも押し詰まった12月27日，田中康夫知事が記者会見し，「ヤミ金110番」の開設，及び「被害者救済緊急対策会議」の設置を発表し，その日から年末休暇中も12月30日まで相談を受け付けた。またその結果を担当部署任せにせず，知事自らが全体を把握する決意を明らかにした。「ヤミ金110番」は，県庁の商工部や生活環境部，10ヶ所の地方事務所などでも受け付けたが，主には，消費生活センターに相談が寄せられ，2006（平成18）年12月までで，累計約1万5千件となっている。消費生活センターで受け付けた相談は当日の夕方，全て県生活文化課にカードで報告した。2003（平成15）年1月24日，田中康夫知事名で要望書「ヤミ金融対策のための立法措置等について」を，法務大臣，衆参両院議長宛に提出した。

〔緊急対策会議〕

2003（平成15）年1月30日，県庁講堂で「第1回ヤミ金融被害者救済緊急対策会議」が開催された。構成団体は，長野県・県警・関東財務局長野財務事務所・県弁護士会・県司法書士会，県貸金業協会など8団体だったが，3月に開かれた第2回からは，ヤミ金融被害を告発する会，クレ・サラ・商工ローン被害をなくす会，銀行協会，信用金庫協会，郵政公社などもメンバーに加わった。対策会議は，2007（平成19）年4月までに28回の会議を開催し，協力団体・個人による「ヤミ金融に関する情報」の一元化（生活文化課に集中）と，フィードバッ

クを行い，対策に活用した。長野県警は，プロジェクトチームによる捜査活動の強化により，ついにヤミ金の帝王と言われる人物を逮捕した。

　長野県議会は2003（平成15）年2月議会での請願採択を踏まえて3月7日，議長名で「出資法の上限金利の引き下げとヤミ金融対策のための新たな立法措置を求める意見書」を，衆参両院議長及び内閣総理大臣宛に送付した。対策会議の中で，ヤミ金融の被害者が離職を余儀なくされる実態があることから，2003（平成15）年6月23日には「ヤミ金融被害者の離職防止について（お願い）」の文書を，長野県知事・県弁護士会，県司法書士会，県商工会連合会，県貸金業協会，被害をなくす会等の連名により，経済団体を通じて各企業へ依頼し，翌2004（平成16）年には労働団体宛にも発信した。

　ヤミ金融や架空請求に不正に使われている金融機関の口座の凍結に向けて，2003（平成15）年8月7日知事名で，「ヤミ金融業者の銀行口座に関する適切な対応について（依頼）」を送付した。当初は金融機関側から「何の権限があって（知事が）このようなことをするのか」といった反応もあったが，その1年余り後には金融庁が事務ガイドラインを改正し，金融機関団体が必要に応じて口座の凍結・閉鎖を実施するように指導し，現在では主だった金融機関で実施されている。2003（平成15）年9月，国会で「貸金業の規制等に関する法律」が改正され，翌2004（平成16）年1月から施行されることになり，罰則の強化等はさっそく2003（平成15）年の秋から試行された。

〔相談体制の強化〕

　増加するヤミ金融や架空請求への相談に対応するため長野県は，2003（平成15）年9月から，県の4ヶ所の消費生活センターに計5名の「ヤミ金融相談員」を，「緊急雇用対策事業」として配置，ヤミ金相談に限らず，借金問題全般，架空請求・不当請求を中心に相談を担当した。また，2005（平成17）年度の当初からは，この5名を包含する形で，消費生活相談員を7名増員した。さらに2005（平成17）年11月には，岡谷市に「消費生活センターおかや」を開所した。

〔国への働きかけ，要望〕

　これらの長野県の取り組みが全国的に注目を浴びる中で，2005（平成17）年7月29日，金融庁の「貸金業の規制に関する懇談会」では，長野県の当時の生活環境部長らが招かれ，この間の取り組み等について発表し，出資法の上限金利

の引き下げ等についても意見を述べた。また，2005（平成17）年11月には「ヤミ金融業者の融資勧誘広告の雑誌等への掲載規制」について，金融庁へ要望したほか，総務省へは「ヤミ金融に利用されている固定電話利用者の本人確認及び利用停止」等を要望した。これらは「対策会議」を継続的に開催する中で，弁護士や司法書士，被害者団体，相談現場等から出された意見や要望を検討し，他の構成団体の意向も踏まえて県が実施してきたものである。

（2）「長野県多重債務問題研究会」の設置

「ヤミ金対策会議」を開催する中で，ヤミ金被害の背景にある「多重債務」の解決こそが重要という認識で一致し，2004（平成16）年6月3日，ヤミ金対策会議の主要な団体を中心にした11団体，及び長野市などオブザーバー6団体で構成する「多重債務問題研究会」が発足し，2007（平成19）年4月までに15回の会合を重ねた。第1回目の研究会は多重債務問題の第一人者である，宇都宮健児弁護士を講師に招き，多重債務問題の現状と対策，全国的な情勢等について学習した。

〔多重債務者増加の実態とその背景〕

複数の金融機関から自己の返済能力を超えて借金をしている人が「多重債務者」といわれる。全国で少なくとも230万人いるとされるが，そのほとんどがいわゆる「消費者金融」から借金をしている。消費者金融の金利は，ほとんどが「出資法の上限（年利29.2％）」ぎりぎりに付けてきた。しかし，本来「業」として貸金をする場合の金利規制は，「利息制限法」により，元本10万円未満は年利20％，10万円以上100万円未満は18％，100万円以上は15％と上限が定められている。ただし利息制限法には罰則規定がないため，貸金業規正法第43条の「みなし弁済規定」を使って，高利をむさぼり，消費者金融が軒並み莫大な利益を上げる一方で，借り手は利息制限について知識を与えられないまま返済のために他から借りては返しという生活の結果，ヤミ金融に手を出す人もいる。

独立行政法人国民生活センターが2005（平成17）年11月〜12月に全国の弁護士・司法書士の協力を得て実施した，多重債務に関する調査をまとめた「多重債務問題の現状と対応に関する調査研究」（2006（平成18）年3月22日）によれば，消費者金融などから初めて借り入れをした頃の年収は，200万円未満が最も多

く（29.9％），次いで200万～300万円未満（27.9％）で，年収が高くなるにつれて借り入れをした人の比率が低い。なぜ借り入れをしたのかでは，初めの頃は低収入や収入の減少，事業資金の補填などが上位であるが，「返済が困難になった頃」では，借金返済が1位になり，収入の減少，低収入が続いている。借入先を決めた理由としては，「たまたま宣伝を見たから」「有名な会社だから」「簡単に貸してくれるから」などが多かった。借金が生活に与えた影響として，「自殺を考えた」が最も多く35％，ストレスから病気になった，蒸発を考えた，家庭崩壊を招いた，車や家を手放した等が上位を占めている。

多重債務の人が増えた背景としては，不安定雇用の拡大，離婚の増加，高齢社会の一層の進行などの一方で，それをカバーするための「セーフティーネット」の立ち遅れが否めない。つまり，多重債務者の増加は，構造的に生み出されているのであり，この状態を放置しておくことは，次の世代にも軽視できない影響を及ぼすことが懸念される。

〔長野県多重債務問題研究会の検討事項〕

研究会では，消費生活センターや弁護士・司法書士，被害者団体などに寄せられた相談事例研究，社会福祉協議会の「生活福祉資金貸付金」や，母子福祉資金貸付金等の検討，生活保護制度の学習，信金や労金などの消費者向け融資制度の比較検討等々を行ったほか，研究会の構成団体による高等学校などへの「出前講座」の実施，広報啓発活動などを進めてきた。こうした経過を経て2006（平成18）年6月6日には，県内の報道機関各社に対して，「貸金業者の広告掲載の規制について」の要望を行った。また，同時期に金融庁長官に対しては，知事・弁護士会長を始めとする8団体長名により「今後の貸金業制度のあり方について」の要望書を提出した。

2006（平成18）年10月24日，長野県が主催し，県弁護士会や県司法書士会，社会福祉協議会等が共催して「長野県多重債務問題シンポジウム～長野県から借金で苦しむ人をなくすために」を開催した。県内市町村の職員などおよそ160名が参加し，被害者の声や多重債務者の救済に積極的に取り組んでいる鹿児島県奄美市の担当者の取り組みなどが発表され，意見交換が行われた。

〔貸金業法改正により，新たな課題〕

　2006（平成18）年12月13日，国会で「貸金業の規制等に関する法律」が改正され，12月20日に公布された。この内容は，この間の弁護士会・司法書士会・被害者団体などの運動の成果を反映したものといえる。一番の焦点であった「金利」については，貸金業法の「みなし弁済」制度（いわゆる「グレーゾーン」）を廃止し，出資法の上限金利を20％に引き下げることとし，利息制限法の上限金利と出資法の上限金利の間の金利での貸付は行政処分の対象になる。また，借り手の返済能力を超える貸付を防止するため，調査を義務付け，総借入残高が年収の3分の1を超える貸付など，返済能力を超えた貸付を禁止することになる。これらの規定は，公布から概ね3年後を目途に施行されるが，罰則の引き上げについては2007（平成19）年1月20日から施行されている。

　なお，法改正を受けて内閣府は，「多重債務問題対策本部」を設け，その中の「有識者会議」において2007（平成19）年4月，地方自治体の相談体制の強化などを中心にした「多重債務問題改善プログラム」をとりまとめ，発表した。この有識者会議の構成員には，被害者団体の代表や，この問題に長年取り組んできた弁護士なども含まれており，各自治体でのこのプログラムを参考にした，早急な取り組みが求められている。長野県がここ数年全国に先駆けて取り組んできた対策を，県内市町村の施策に活かしてほしい。

（参考資料）多重債務関係相談の動向（長野県，消費生活センター受付分）
表16　県の消費生活センターで受け付けた相談件数

	受付件数	（内，借金問題）	多重債務
2001（平成13）年度	14,728		
2002（平成14）年度	19,205	2,172	
2003（平成15）年度	39,572	8,315	1,515
2004（平成16）年度	44,350	3,423	1,631
2005（平成17）年度	33,135	2,780	1,645
2006（平成18）年度	25,227	2,943	2,254

年齢別内訳

- 60歳以上 9.7%
- 50歳代 19.1%
- 40歳代 23.2%
- 30歳代 27.9%
- 20歳代 20.1%

（注）年齢のわかる者，1,468名について分類。

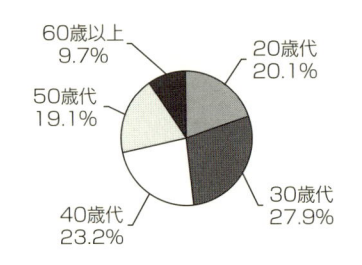

職業別内訳

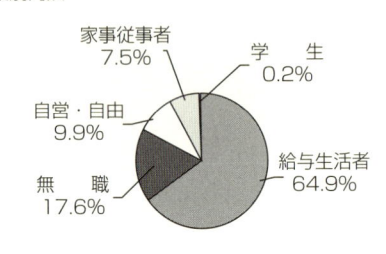

- 家事従事者 7.5%
- 学　生 0.2%
- 自営・自由 9.9%
- 無　職 17.6%
- 給与生活者 64.9%

（注）職業のわかる者，1,530名について分類。

図7　多重債務に関する相談者の属性（2005（平成17）年度）

結びにかえて

　今の日本には商品が溢れ返り，消費者はそれに振り回されている感がある。その一方で，安全性の確保や，取引の公正さがなかなか実現されない。それには，私たち消費者の側にも責任の一端がありはしないだろうか。ここでもう一度，国際消費者機構（CI，旧IOCU）の「消費者の権利と責任」のうち，「消費者の5つの責任」について確認して，結びにかえたい。

　一，自分の使う商品やサービスについてもっと敏感に「批判的意識」を持つ消費者となる責任
　二，公正な取引が実現されるように「行動する」責任
　三，自らの消費行動が他者に与える影響
　　　——とくに恵まれない弱い立場の人々に与える影響を考慮に入れる「社会的関心」を持つ責任
　四，自らの消費行動の結果が環境に与える影響を理解する「環境への自覚」
　五，消費者として団結し，「連帯する」責任

6．消費者問題と現代企業システム

信州大学教授
樋口一清

　最近，マンションやホテルの耐震偽装，食品の消費期限や衛生管理の問題，エレベーター，ガス機器，シュレッダーの事故など，消費者の安全を脅かす問題が続発している。企業をめぐる不祥事では，大手企業の粉飾決算や原子力発電所のデータ改ざんなども記憶に新しい。また，消費者取引の分野では，老人や若者,障害者などを狙った悪徳商法が横行している。これらの問題の多くは，事故情報の隠蔽や対応の遅れ，あるいは故意かつ組織的な不正など，我が国企業の信頼性を著しく損ねるものとなっている。残念ながらこうした問題の多発は今に始まったことではない。これまでも，幾度となく大きな消費者問題が発生し，そのたびに，消費者保護法制が強化され，企業倫理や企業の社会的責任が問われてきたのである。

6－1　企業不祥事の背景を考える

　企業不祥事はなぜ繰り返されるのだろうか？　その再発防止策はどうあるべきなのだろうか？　企業性悪説を唱えることはたやすいが，問題の解決にはつながらない。実際，企業不祥事はただ単にごく一部の悪質な企業によって繰り返されているのだろうか？　それとも，これまでの対応の中では予見できないような新たな事態が生じているのだろうか？
　理由はどうあれ，一部の企業の不祥事によって，我が国の企業システム自体の信頼性が大きく損なわれ，消費者の企業への信頼感が著しく低下していることだけは確かである。近年の企業不祥事については，多くの論者がその原因，背景について分析を行っている。まず，主な議論を概観してみよう。

第一は，株式会社をベースとした企業システム自体の問題性及び市場原理主義に関する指摘である。市場主義的な環境が厳しい競争を生む中で，株式会社はその制度的な制約もあって十分な社会的責任を果たすことができない。株式会社は利益を求める仕組みとしては資本主義の優れた発明であるが，責任を全うする仕組みとはなっていないとの見方である。この見方に立てば，株主が有限責任であること自体が問題となる。だが，この見方は，同じように厳しい競争環境に置かれた企業の消費者対応が大きく異なっているという事実を十分に説明しきれていない。

　第二は，終身雇用とそれに基づく企業共同体への忠誠心を前提とした日本型企業システム（いわゆる「準共同体的企業」）が崩壊しつつあり，これに代わる新たな社会システムが未成熟であることを問題視する見方である。確かに，日本型企業システム（とその共同体的倫理観）によりもたらされる会社への忠誠心は，企業への帰属意識や責任感を生み出す要因ともなり得るが，他方において組織ぐるみの隠蔽工作を生み出す風土でもあったと考えられる。ドーア教授も指摘するように「アメリカの経営者は会社から泥棒する，日本の経営者は会社のために泥棒する」というコロンビア大学ヒュー・パトリック教授の少々品のないたとえが，案外，米国企業の不祥事と日本企業の不祥事の違いの本質を言い当てているのかも知れない（R．ドーア『誰のための会社にするか』，岩波書店，2006，p.67）。

　第三は，情報化の進展と消費者の意識の高まりにより，従来は隠蔽されていたものが顕在化しているという見方である。確かに情報化の進展はブログ等を通じて内部告発や情報流出を容易にしていることは否めない。他方，消費期限の管理といった問題は，製品管理技術や流通システムの発達，消費者の意識の向上と大きく関連している。

　その他にも，今日，企業をめぐる環境の変化の下で，考慮すべきさまざまな要因が顕在化しつつある。一つは，消費者被害が大規模かつ広範なものとなる傾向である。高度な科学技術の出現は，一方で消費者の便益を飛躍的に向上させた半面，消費者被害をも拡大しがちである。また，経済のグローバル化は，国際的な被害の連鎖を生じつつある。近年の各国財政の厳しい制約も消費者行政に影響を与えるものと懸念される。さらには，情報格差の拡大も深刻な被害

を生む可能性を有している。このように，企業不祥事の背景には複雑な要因が関係していると考えられる。

6－2　企業活動の本質をどう見るのか

　筆者は，株式会社と市場システムの組み合わせは本質的に不安定な側面を持つ社会装置であると考えている。利益の追求は，企業システムの基本原理であるが，その歯止めを企業システムの内部の自律的なメカニズムにのみ，求めていくことは困難である。われわれが，株式会社や市場原理とうまく付き合っていくためには，企業システムに関する法制度や企業倫理，あるいは企業文化といった企業システムを支える制度的枠組みを抜きにすることはできないのである。これらの制度的枠組みは，企業活動に関する歴史的，社会的な経緯の中で醸成されてきたものである。そのプロセスを抜きにして，市場メカニズムだけを抽象的に論ずることは，問題の本質を極端に単純化してしまう危険性を有していると言わざるを得ない。その意味では，企業とステーク・ホルダーとの関係を重視する立場も，同じ視点に立つものと考えられる。ステーク・ホルダー論では，企業システムの歯止めを，さまざまな背景を持つ多様なステーク・ホルダーに見出そうとするのである。

　市場原理主義的な見方からすれば，市場取引への規制は，できるだけ少なくすべきだということになる。しかしながら株主の有限責任と市場の競争原理だけでは，「隠蔽」や「不正」などの反社会的な企業活動に歯止めをかけ，市場の秩序を維持することは難しい。確かに，ひたすら利益を求めることが反社会的な行為なのかどうかは見解の分かれるところである。

　フリードマンは，株式会社は，株主の利益のために存在すべきであるとして，会社の社会的責任を否定する。ベイカンのインタビューに答えてフリードマンは，会社が株主のものであることを強調する。株主の財産は収益を上げるためにのみ使用することが許されるのであって，収益には直結しないが社会に貢献する事業に無断で使用することは許されないとの考え方である（"Executives who chose social and environmental goals over profits—who try to act morally—are, in fact immoral.", Bakan, J., *The Corporation,* Free Press, 2004，p.34）。

しかしながらこの議論には基本的な問題がある。「株主の金銭的利益（配当）＝社会の利益」という関係は一般には成立していないのである。したがって，会社の活動が社会的不利益（さまざまな外部不経済等）を生じるとしても，これを阻止する内在的なメカニズムが働かないこととなる。この場合，課税や規制措置などの行政的な手段によって，社会的不利益を外部からコントロールすることが必要となる。もちろん，株主が会社の与えた社会的不利益の法的責任を負うことはない。法的責任のない株主が会社を支配し，経営者に倫理的な裁量の余地がないとすれば，企業システムは常に暴走する危険性を孕んでいる。企業の明確な法令違反行為が露見しない限り，行政には事後的な対応しか期待できない。公害問題を例に引くまでもなく，甚大な社会的被害が発生し，企業の活動への社会的批判が高まる中で，初めて，課税や法規制などの制裁措置が発動されるのが通例である。

　この点については会社の法人としての実在性を認める考え方もある。会社の経営者は単なる契約関係にあるのではなく，法人との信任関係を有しており，法人としての会社に対して倫理的に行動することを義務付けられているとの議論である（岩井克人『会社はこれからどうなるのか』，平凡社, 2003, p.86）。この場合には，法人自体が，単なる株主のための道具ではなく，経営者を通じて，倫理的自覚をもって行動することとなるため，企業システムには内在的に一定の歯止めがかかることとなる。この議論は，我が国の終身雇用型の会社制度にはなじみやすいものであるが，経営者が，単なる「契約」により外部から期間を限って雇い入れられる欧米型の会社制度に関しては必ずしも説得的ではない。

　さらに，市場主義的な考え方の基本的な前提である市場による評価機能それ自体も，正しい情報が消費者に行き渡っていなければ実現不可能であると考えられる。消費者が市場で正しい選択が行えるように，格付け，規格認証等の評価情報を含む商品・サービスに関するさまざまな情報提供が必要になると考えられるが，市場においてはこうした情報提供を促進する内在的なメカニズムは極めて働きにくい。少なくとも，現状では，企業が財・サービスに付帯して提供する情報や専門的評価機関の情報を，個々の消費者が有償で購入する事例は特定の分野に限られており，その結果，情報提供機能がなかなか市場化されず，評価の専門組織も未発達なままである。こうした現状を，消費者サイドの商

品・サービス購入の際の努力不足と決めつけることは簡単であるが，現実には，法規制がない限りは，企業側が自己に不利な情報を提供するインセンティブは存在せず，一般の消費者は，自ら正しい情報を入手する手段に乏しいため，「価格」と同様，製品・サービスに関する「情報」についても，受け身の対応を選択せざるを得ないのである。とりわけ，製品の経年劣化に伴う事故や有害な食品添加物による慢性的な健康被害，製品の環境汚染のように，購入時に，一般の消費者が問題の有無を見分けることが極めて困難なものも多く，これらの問題の発生を未然に防止するためには，企業倫理，企業の社会的責任など企業サイドの自発的努力を前提としなければならないことは明らかである。

結局，企業システムは，それを支える制度やそれを方向づける企業倫理，企業文化，あるいはステーク・ホルダー抜きでは健全に機能しない可能性が高い。企業システム自体を，制度の活用を図りつつ，消費者，企業関係者を含めた社会がどう制御できるかが課題なのである。

6－3　現代企業システムのあり方を問う　　　～企業システム制御への取り組み

（1）企業内部の取り組み

現代の企業システムにおいてシステムの制御への試みはこれまでも多く行われてきている。これらの取り組みは企業内部の努力と外部からの企業行動の監視に大別される。まず，企業内部の取り組みとしては，コーポレート・ガバナンスや，内部統制といった問題が指摘される。コンプライアンス経営は，単に法令遵守を意味するだけでなく，問題を生じない仕組みづくりを指す言葉と考えられる。企業の社会的責任（CSR）や企業倫理という言葉も同じような文脈でとらえることができる。ただ，企業倫理や企業の社会的責任という表現は，企業がどの程度責任を負っているのかという点が不明確なままである。フリードマンの前述の指摘を待つまでもなく，仮に企業倫理や企業の社会的責任に沿った行為であっても，企業の本来の営業行為に支障をきたす場合には経営者はその選択が困難である。CSRについては大別すると2つの考え方があると言われる。ひとつは，一般的な利益の一部を社会に還元するという考え方である。もうひとつは，環境や福祉などの社会活動への取り組みが，短期的な出費

を生じるとしても，企業の社会的評価やイメージを向上させ，当該企業の長期的利益につながるとの考え方である。その意味では，CSRは，少なくともその実施が企業の長期的利益にかなうものでなければならず，長期的にも利益を生む可能性が少ない行為は排除されていると考えられる。もちろん，1％クラブや5％クラブも企業の本来の業務に大きなマイナスを生じないという大前提により成立していることは言うまでもない。いずれにせよ，こうした概念は企業システムの社会性を定性的に唱えるものであるが，どの程度まで，そうした取り組みが行われるべきか，どの分野で取り組みが行われるべきかが明らかでなく，その実効性には限界があると言わざるを得ない。

ここで問題となるのは，以上のような実効性の制約があるが故に，CSR，企業倫理，あるいはコンプライアンスといった言葉が，これまで，しばしば安易に企業関係者の口にのぼり，企業の不祥事対応のいわば隠れ蓑として用いられてきたことである。

企業が消費者指向を実現するためには，経営者自らが，直接，消費者問題や製品安全などの責任を負う体制を整備することが重要であると考えられる。ただし，そうした仕組みが機能するのは，経営者が高い倫理的自覚を持っており，都合の悪い事実を隠蔽したり，無視したりしないという前提が成り立つ場合だけである。

歴史を振り返ると，我が国企業においても，企業経営者の高い倫理的自覚，倫理的責務が問題解決へのきっかけとなったケースが見受けられる。1901（明治34）年3月23日，田中正造が帝国議会で足尾鉱毒事件を追及する中でも指摘したように，住友別子銅山では，支配人伊庭貞剛が住友家を説得した結果，新居浜の惣開精錬所が沖合の無人島，四阪島へ移転されることとなった（ただし，この移転事業は煙害対策としては失敗であった）。他方，足尾銅山では，経営者である古河市兵衛は，こうした抜本的環境対策の努力を行おうとしなかった。我が国の資本主義勃興期において，銅の生産はまさに国家的要請であったが，同じ銅山でも，足尾と別子では経営者の社会的責任に対する自覚に大きな違いがあったと考えられるのである。

他方，倫理的自覚を欠く経営者にとっては，社会的責任論やコンプライアンス経営は有害無益である。粉飾決算が明るみに出るまで，エンロンはCSRの

優等生企業であった。エンロンの社内規定ではCSRを重視することが強く謳われていたのである。しかしながら，こうした規定も企業ぐるみの粉飾行為や隠蔽の前には無力であることが明らかになった。厳格なルールを作っても，それを遵守する気持ちがなければ無意味なのである。

それでは，エンロンの例を繰り返さないためには，どのような工夫が考えられるのだろうか。そのポイントは，「企業活動の社会性の強化」であると思う。具体的には，①消費者を含むステーク・ホルダーの関与の仕組みをどう構築するか（社外取締役，監査制度，モニター制度など）。②情報公開，透明性の確保をどう実現するかの2点が特に重要である。最近の製品事故をみると，会社にとって不利な事故情報を隠蔽しようとしたが，結局はそれが露見し，その製品だけでなく企業自体が消費者の信頼を失ってしまうというような事例が見受けられる。こうした場合には，むしろ，自社に不利なものであっても製品事故等の情報を積極的に公開し，機動的にリコールなどの対応を行っていけば，会社の真摯な姿勢を評価する消費者も多いことに留意すべきであろう。また，我が国においてはステーク・ホルダーとしての従業員，労組の役割が十分認識されていないケースが多い。労組の経営参加や従業員の内部通報制度は，企業システムを内部から制御する一つの有力な手段であると位置づけられる。

（2）企業システムの外部からの監視・評価

次に，企業システムを外部から監視・評価することである。この面で，最も重要なのは，市場を通じた消費者による評価（財・サービスの選択）の充実である。評価を行うためには，格付け，認証や商品テストといった評価情報が一般消費者に発信されなければならない。その機能をどう充実させていくのかが今日の消費者運動の重要な課題であると考えられる。いわゆるグリーン購入はその試金石の一つである。企業サイドのキャッチ・フレーズではなく，ライフ・サイクル・アセスメントの観点をふまえ，真に「環境にやさしい」商品・サービスを消費者が選択していくためには，消費者サイドの評価機能がさらに整備されなければならない。この選択の責任を安易に行政に委ねれば，結果として，市場機能が阻害されることともなりかねないのである。

また，消費者の市場を通じた評価は，商品・サービスの直接的な購入を通じ

て行われるだけではない。この分野では，いわゆる社会責任投資（SRI）の役割も極めて重要である。

　企業行動を資金調達面から制御することは有効性が高い手法であると考えられる。日本では，消費者の資金を預かる投資信託や年金基金などが，株主としての権利を行使し，株主パワーにより企業活動を制御するといった事例はまだ一般的ではない。確かに，近年，日本でもSRIファンドは設定され始めているが，その規模は限定的であり，消費者の立場に立つべき年金基金などの機関投資家が，大株主として企業に直接改善を求めていくという発想がそもそも欠落しているというのが現実である。

　企業システムの外部からの監視，評価の手法としての消費者の直接参加は，こうした機関投資家の監視機能と組み合わせることで一層効果的なものとなると考えられる。消費者代表の直接的な経営参加で，常に問題になるのは消費者代表の「代表性」及び参加の「実効性」である。消費者団体の幹部が公正・中立な消費者代表としての役割を担うためには，自らの活動について透明性の高い手法で一般消費者に報告しなければならない。また，消費者代表が経営に参加していても，その意見が経営に反映されない懸念も拭い去れない。その意味では，機関投資家が株主の立場から企業に消費者指向の経営姿勢を求めることが重要であると考えられる。

　さらに，外部からの企業システムの監視・評価という側面では，行政の役割も重要である。企業システムや市場の取引ルールの整備，認証・認定制度の整備，消費者への情報提供，市場における不正行為やルール違反の摘発等，行政は「市場の番人」としての役割を期待されていると言えよう。2007（平成19）年5月スタートした消費生活用製品の事故情報報告・公表制度もこうした考え方に沿ったものと位置づけられる。本制度は，重大な製品事故が発生した場合，企業の国への報告義務を課し，国が事故情報を直ちに公表することで，消費者の被害の拡大を防止し，その後の企業の迅速な，責任ある対応を促そうとするものである。

　米国ではコンプライアンス経営の有無を企業犯罪に対する刑罰の量刑を斟酌する際の基準に取り入れ，コンプライアンス経営の定着を図っているそうである。すなわち，米国における企業犯罪に関する量刑を決める際のガイドライン

では，刑罰を軽くする要素として，捜査への協力，自首，自白と並んで，「効果的な法令違反抑制プログラムを運営していること」があげられている（「連邦量刑ガイドライン，コンプライアンス・プログラム」，浜辺陽一郎『コンプライアンスの考え方』，中央公論新社，2005, p.58）。こうした手法は，我が国の企業文化や社会風土には必ずしもなじまない面があるが，企業システムの外部からの働きかけを，企業自らの努力と連動させようという発想自体は検討する余地がありそうである。

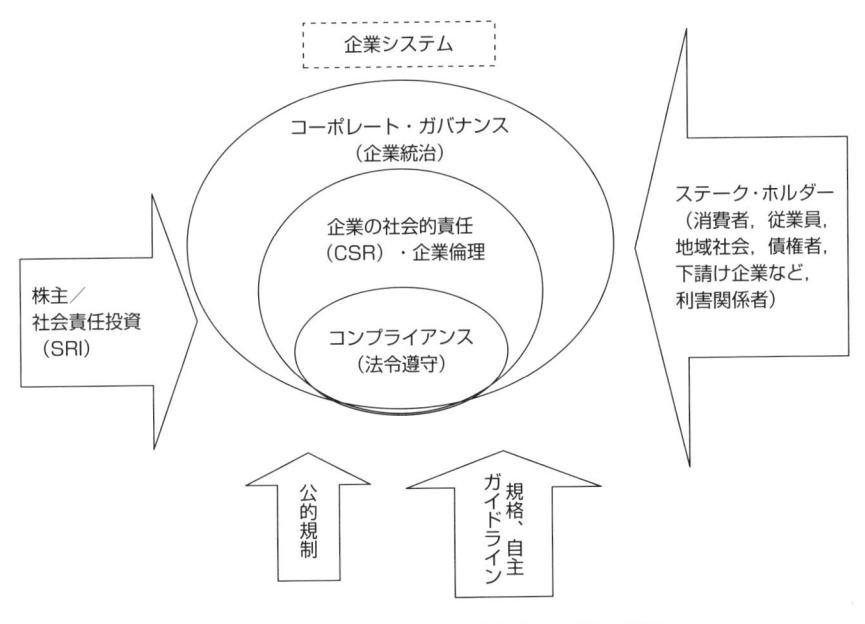

図8 企業システムの信頼性向上への取り組み

6－4　企業システムの第三の道～社会的企業の可能性

　これまでの我が国のコンプライアンス経営や企業倫理，CSR の議論の中では，地域に立地する中小規模の企業を対象とした検討は不十分なものに止まっていたと言わざるを得ない。中小規模の企業にとって，CSR やコンプライアンスは決して大企業の相似形ではないはずである。地域に立地する企業と地域の

消費者，行政などのステーク・ホルダーとの関係は，グローバル企業の場合とは基本的に異質であると考えられる。とりわけ，利益を目的とせず，地域への貢献など社会的な意図で設立される「社会的企業」と言われる企業形態は，地域企業の一つの将来像を提示するものとして重要であると言えよう。

英国では，社会的企業に関し，その潜在能力を最大限発揮できる法制度を整備するとの観点に立って，2005（平成17）年度から「コミュニティ利益会社（Community Interest Company）」と名付けた新たな企業制度をスタートさせている。このコミュニティ利益会社は，福祉，環境，教育などの分野で，現代企業システムの制約を打破する制度として内外の注目を集めている。

（1）英国のコミュニティ利益会社の概要*

コミュニティ利益会社制度創設の背景には，従来のチャリティ制度あるいは有限責任保証会社制度が「社会的企業」の受け皿として必ずしも有効に機能し得なかったことが指摘できる。すなわち，①チャリティ委員会による事業目的を限定した厳格な登録審査は，新たな分野での社会的企業の事業展開を制約する可能性があること，②有限責任保証会社は，技術的には債券発行が可能であるものの，保証の範囲が限定されているものも多いため，寄付や補助金以外の外部資金の調達に制約があること，③投資家やステーク・ホルダーにとって，現行制度では事業の説明責任や透明性を確保する仕組みが必ずしも十分とは言えないこと，④組織のマネジメントの面でも，現行の仕組みは事業性の高いプロジェクト等にはなじみにくいことなどである。

こうした状況をふまえ，英国政府は，会社組織の柔軟性と確実性を兼ね備えた社会的企業の形態として，コミュニティ利益会社制度を創設することとした。本制度の特色は，一言で言えば，投資家等の関係者が，企業原理を取り入れた社会的企業の存在を容易に認識できるようにすることである。そのため，コミュニティ利益会社の設立に当たっては，通常の会社設立の手続きに加えて，「コミュニティの利益」のために事業を行うことを示さねばならず，また，そ

---

* Community Interest Company 制度については，英国産業貿易省での筆者のヒアリング結果等に基づく。本制度の訳出に当たっては，岡安喜三郎（2004）「イギリスのコミュニティ利益会社（CIC）法案」（『協同の発見』141号）の訳語及び制度解説を参考にした。

の資産と利益がコミュニティのために使われていることを定期的に報告しなければならない。2004 (平成16) 年には，コミュニティ利益会社の規定を盛り込んだ会社法改正案が成立し，2005 (平成17) 年8月より個別企業の登録が始まっている (2007 (平成19) 年6月1日時点の設立状況は約981社となっている)。

コミュニティ利益会社は「コミュニティの利益」に資する目的で設立される会社について，目的に沿った活動が行われるよう法的なスキームを整備したものである。「コミュニティの利益」は，チャリティにおける「公益目的」より幅広い概念であり，社会的企業の実態をふまえ，一般の常識に照らして，設立時にRegulator (監査人) により個別にその適否が判断されることとなる。その具体的な仕組みは以下の通りである。

① 社会的企業を「コミュニティ利益会社」として登録するためには，「コミュニティ利益テスト」と名付けられた監査人による審査を受け入れなければならない。コミュニティ利益テストは，登録しようとする社会的企業が特定の者の利益に奉仕するものではなく，コミュニティの利益を追求するものであることを確認するための審査である。特定の企業の事業目的がコミュニティの利益に沿うものであるかどうかの判断基準は，極めて抽象的であり，一般の常識 (Reasonable Personの判断) によるとされている (改正会社法35条)。コミュニティ利益会社に登録された社会的企業は，C.I.C.等の名称を社名に冠することとなる (同法33条)。

現在，有限責任保証会社，株式会社，公社の形態を取っている社会的企業は，現行の組織形態を継続したまま，規定を改正してコミュニティ利益会社となることが可能である。他方，コミュニティ利益会社となった企業は，同時にチャリティの法的地位を得ることはできないことに留意する必要がある (同法26条)。

② コミュニティ利益会社においては，利益及び資産の処分，債券や借入れに対する利払い等に制限が課せられる。すなわち，利益は事業に再投資されるのが原則であり，事業継続時あるいは解散時に，監査人が個別に定める限度を超えた資産や利益の出資者への配当・配分は禁止される (同法30条)。また，コミュニティ利益会社は，会社として事業を行うため，一般企業との競争条件等に配慮して，原則として，登録チャリティに認められている非課税措置のような税

制上の優遇措置は設けられていない。

③ コミュニティ利益会社は，毎年度，コミュニティ利益のための活動状況についての報告書を作成し，Regulator（監査人）の監査を受けなければならない。監査人は，個々のコミュニティ利益会社の監督に責任を負っており，国の独立機関としての位置づけを与えられている。

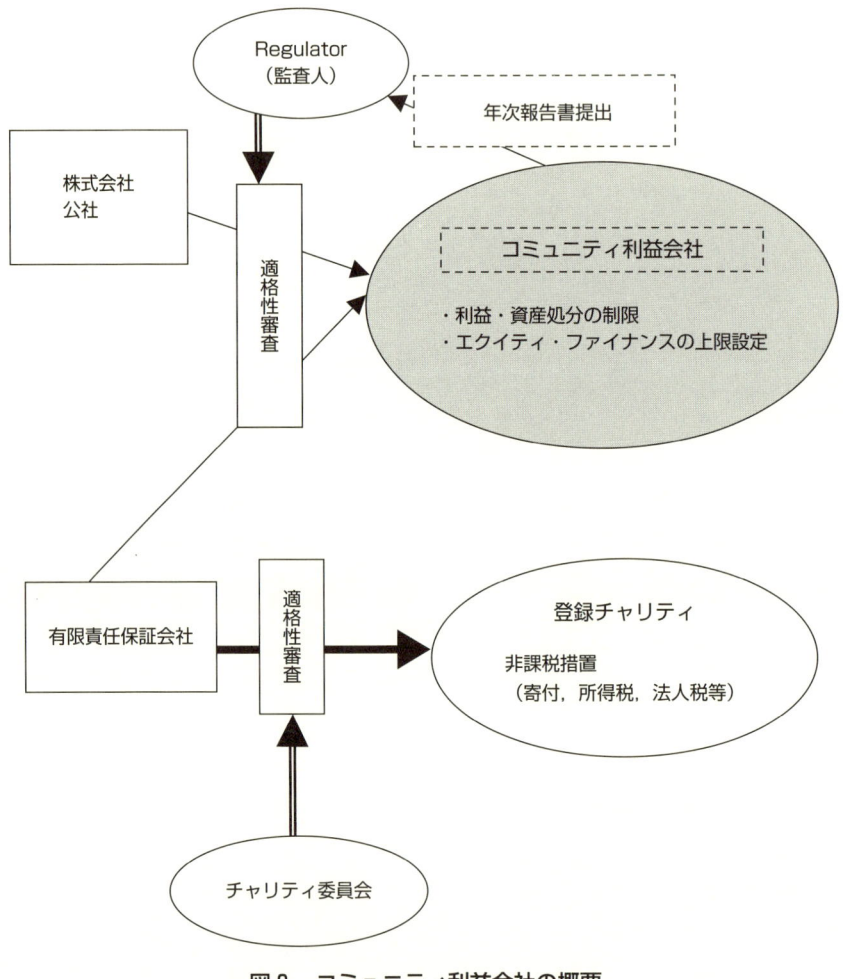

図9　コミュニティ利益会社の概要
（英国産業貿易省（DTI）資料より筆者作成）

（2）コミュニティ利益会社制度の意義

　コミュニティ利益会社制度はスタートしたばかりであり，その評価は定まっていないが，制度創設の意義として次の3点を指摘したい。すなわち，第一に，本制度により，会社組織の柔軟性と確実性を取り入れた社会的企業の事業形態に新たな法人格が付与されれば，官と民の中間領域を担う幅広い社会起業家（Social Entrepreneur）の創出につながるものと期待されることである。シンクタンクDEMOSの報告書が指摘するように，社会起業家は「第三の道」の担い手として，チャリティなど現行の非営利組織の制約を超えたダイナミックな事業活動を展開することが見込まれるのである。

　第二に，法制度として明確に位置づけられたコミュニティ利益会社の出現により，これまで以上に広範な資金や人材をこの分野の事業活動に取り込むことが可能になると考えられることである。具体的には，まず，資金面では，①チャリティへの寄付からコミュニティ利益会社への社会責任投資へ資金シフトが生じることや，②これを軸とした新たな社会的資金循環が生じることが見込まれる。また，人材に関しては，ボランティア中心の事業組織から，専門家を含む有償労働を中心とした事業組織へのシフトが加速されることが見込まれる。

　第三に，コミュニティ利益会社は，その事業活動に関して，法制度上，通常の会社組織と同一の取り扱いを受けるため，マーケット・メカニズムに基づく消費者による事業の客観的な評価が可能となると考えられることである。従来，社会的事業を担ってきたチャリティ等のボランタリー・セクターは，その多くが非営利組織であったため，事業の効果や効率性に関し，市場を通じて客観的に評価することが困難であった。これは，我が国の事業型のNPOや公益法人，第三セクターなどに関しても，共通する問題点である。営利企業は常に市場で消費者に評価され淘汰されるが，消費者による適正な評価メカニズムを持たないNPO，公益法人，第三セクター等では，しばしば社会的意義を失った組織が存続したり，消費者のニーズと乖離した事業が行われたりする状況が生じているのである。

（3）我が国の選択

　以上のように，コミュニティ利益会社は，企業システムを社会的に制御する

手法として注目に値するものであると考えられる。とりわけ，環境，教育，医療・福祉，介護，認証・評価などの分野での新たなビジネス・モデルの構築を担う可能性が高い。経済産業省の試算によれば，我が国の官と民の中間領域である「ソーシャル・マーケット」の市場規模は，2005（平成17）年時点で約74.6兆円，10年後には120兆円程度に達するとされる。これらの分野では，事業の性格上，公平・公正な事業運営が強く求められるが，コミュニティ利益会社は利益を目的としない会社であり，しかも会社の業務内容がそうした目的に沿っているかどうかを社会的に"監査"する仕組みが整備されていることから，企業不祥事や不正行為に対する一定の歯止めを期待し得ると言えよう。また，急速に成長するソーシャル・マーケットに対応して，良質な製品やサービスを供給していくためには，市場からの資金調達，人材の確保，弾力的で透明性の高い組織のマネジメント等が求められることとなるが，コミュニティ利益会社はこうした要請に応え得る仕組みであると考えられる。

　現在の株式会社や共同組合，NPO法人，第三セクター，公益法人などを中心とする我が国の社会的企業（これらを総称して"コミュニティ・ビジネス"と呼ぶこともある）の諸制度は，新たな分野での事業と取り組む社会起業家や社会志向の中小企業にとっては，制約の多いものであると言わざるを得ない。残念ながら，現実に，個々のプロジェクトにおける事業組織の選択に関連して，社会的なロスが生じたり，事業の効率性が損なわれるケースも，しばしば見受けられる。

　社会的企業の組織のあり方に関しては，「組織ポートフォリオ戦略」という考え方も提唱されている（谷本寛治『ソーシャル・エンタープライズ』，中央経済社，2006, p.33）。NPOが会社を併設するケース，会社がNPOを設立するケース，ホールディング・カンパニーのケースなどがその代表的なパターンである。社会的企業の組織ポートフォリオ戦略は，現行の事業組織に関する法人格制度が変わらないとの前提に立って，事業活動の質的変化に合わせて，さまざまな法人格制度の最適な組み合わせを見出していこうというものである。こうした手法は，現在の状況を改善するという意味では一定の有用性があると見られるが，制度の透明性，ステーク・ホルダーとの連携という観点からは，社会的企業の実態に即したわかりやすい制度を構築することが重要であると考えられる。

コミュニティ利益会社のメリットを具体的に示すことができるビジネス・モデルの一例として，リサイクル事業のケースを取り上げてみよう。リサイクル事業では，原料供給（分別収集された廃棄物），製品販売（グリーン購入など）を消費者などステーク・ホルダーや地域の自治体，企業に依存することが多い。他方，これらの事業は，しばしばヴァージン原料，ヴァージン製品との競争や，原料の量的及び質的な安定供給の問題にさらされており，リサイクルに関する法制度と直接リンクする一部の事業を除き，事業活動のリスクはかなり高いのが通例である。こうした分野での自由な事業活動，とりわけ社会起業家の新規事業への取り組みを促進するためには，企業の事業活動の内容に応じて①人材，②資金，③技術，④関係者との連携（自治体・消費者・関連産業など）が確保されることが望ましい。リサイクル事業者が，明確な形で社会的な役割を果たしつつ，効率よく外部資金を調達し，ステーク・ホルダーとの連携の下で，他分野との競合を乗り切る弾力的な事業活動を可能とする組織形態が必要とされるのである。

リサイクル事業を行う事業主体が株式会社の場合には，①原料価格の高騰や製品価格等，利益の大幅な変動を招く要因が発生した場合に，事業がそのまま継続される保証がない。②消費者や行政などの事業運営への直接的な関与が難しい。③利益をリサイクル事業や地域のプロジェクトへ再投資する仕組みがないため，消費者や行政の協力に基本的な制約があると考えられる。上述した英国のコミュニティ利益会社制度の考え方を我が国の会社制度にも導入することによって，以上のような問題点の解決が可能となるのではなかろうか。

6－5　新たな消費社会の構築をめざして

企業システムを社会的に制御していくためには，コーポレート・ガバナンス，CSR，コンプライアンス経営，あるいは社会的企業など，企業制度に関するさまざまな取り組みと連携する形での，消費者サイドの取り組み体制の強化が急務と考えられる。欧州では，その一つの受け皿として，コミュニティ利益会社を含め，サードセクター，「社会経済」の役割を重視している。企業や消費者，行政を含めた社会全体の姿を明らかにする中で，消費者の位置づけを与えてい

かねばならない。コミュニティ利益会社は，伝統的な組合型の社会システムとは異なるモデルであるが，これをテコとしてソーシャル・ガバナンス確立への道筋を探ることも可能であると考えられる。

　我が国が新たな消費社会を構築していく上では，評価機能の強化や情報格差へのきめ細かな対応を考えていかねばならない。筆者は，こうした社会的機能の担い手として，消費者運動の今後の展開に大いに期待している。これらの分野への対応は，個々の消費者だけでは困難である。消費者運動の役割は，社会に警鐘を鳴らす段階から，消費社会の重要な機能を分担することへと発展していくべきではないかと考えている。

　新たな消費社会の実現にむけて，消費者，企業，行政にとっての基本的課題は以下の3点であると考えている。

　第一は，ネットワーク化の推進である。消費者が，自ら適正な評価を行い，その成果を消費者全体で共有するためには，専門家を含むネットワークの構築が不可欠である。今日のような高度科学技術社会において，個々の消費者がさまざまな分野に精通することは不可能であり，大学や研究機関を含めた社会全体の知的な蓄積を一般消費者が日常的に活用することが重要である。そのためには，企業の従業員や行政の担当者も含めた重層的なネットワークを構築することが急務である。こうした結びつきは，消費者，企業，行政の新たなパートナー・シップの形成をもたらす可能性を有している。

　第二は，消費者問題に関する専門的人材の養成や中立的研究機関，認証・評価機関の充実である。複雑，多岐にわたる消費者問題を，自然科学のみならず，社会諸科学の立場からも客観的・科学的に分析し，一般消費者への具体的な情報提供を行っていくためには，社会全体としての専門人材の養成や研究機能の強化，認証・評価機関の充実が急務である。

　第三は，消費者教育の充実による一般消費者の啓発である。今後，高度情報社会の下で，情報格差が，ますます拡大していくことが懸念される。消費者教育は，社会教育などの立場からも一層強化されねばならないと考えられる。このような消費者に対する啓発の前提としては，たとえば，ユニバーサル・デザインのような高齢者，障害者の暮らしやすい社会づくりの発想が不可欠である。こうした発想を欠いたまま，一律に消費者の啓発を強要することは，消費者教

育にとってはむしろ弊害が大きいだけである。たとえば、インターネットを通じた消費者への情報提供は必要条件ではあっても、決して十分条件ではないことを認識すべきである。消費者を社会に適合させるのではなく、高齢者、障害者など、さまざまな立場の消費者が暮らしやすい消費社会を創出していかなければならないのである。

　消費者運動のフィールドは、「地域」を出発点とすべきである。社会的企業を含むコミュニティを中心とした企業活動と、参加・連帯による社会経済のシステムが連動する時、「ソーシャル・キャピタル*」が形成され、分権型の市民社会構築の可能性が生まれると考えられる。しかしながら、他方において、今日、グローバル化する企業活動に対応して、消費者運動自体、地域を拠点としたものに止まることは許されず、グローバルな企業活動や産業社会のもたらす課題と対峙せざるを得ない。消費者運動が、こうした局面で「カウンターベイリング・パワー」を発揮するためには、企業、行政、大学等の研究機関など、さまざまな関係者との間で重層的なネットワークや多角的なパートナー・シップを形成していかなければならないと考えられる。そのためには、消費者運動を支える個々の消費者の「自覚」と積極的な取り組みが求められることは言うまでもない。消費者サイドの自覚や行動こそは、企業システムの制約を補う有効な手段の一つなのである。

　真の意味での「消費者の自立」を実現するには、消費者と企業の間の著しい情報格差が是正されることが前提である。しかし、現実は、企業不祥事、情報隠蔽を例に出すまでもなく、そうした状況から程遠いと言わざるを得ない。避けねばならないのは、「自立」や「自己責任」という言葉が独り歩きし、個々の消費者の責任のみが問われる事態である。

---

*　ソーシャル・キャピタル：相互利益のための調整と協力を容易にする、ネットワーク、規範、社会的信頼のような社会的組織の特徴を表す概念。(宮川公男, 大守隆編『ソーシャル・キャピタル』、東洋経済新報社, 2004, p.58)

参考文献

Bakan, J., *The Corporation*, Free Press, 2004
Borzaga, C. & Defourny, J.(ed.), *The Emergence of Social Enterprise*, Routledge, 2001
Department of Trade and Industry, UK (IFF Research Ltd), *A Survey of Social-Enterprises Across The UK*, DTI, 2005
Giddens, A., *The Third Way*, Polity Press, 1998
Leadbeater, C., *The rise of social entrepreneur*, Demos, 1997
Putnam, R.D., *Bowling Alone: America's Declining Social Capital*, Journal of Democracy, pp.65-78, 1995（邦訳；宮川公男, 大守隆編『ソーシャル・キャピタル』, 東洋経済新報社, 2004, pp.55-76）
R．ドーア『誰のための会社にするか』, 岩波書店, 2006
岩井克人『会社はこれからどうなるのか』, 平凡社, 2003
奥村宏『株式会社に社会的責任はあるか』岩波書店, 2006
神野直彦・澤井安勇編『ソーシャル・ガバナンス』東洋経済新報社, 2004
谷本寛治『ソーシャル・エンタープライズ』, 中央経済社, 2006
中川雄一郎『社会的企業とコミュニティの再生』, 大月書店, 2006
浜辺陽一郎『コンプライアンスの考え方』, 中央公論新社, 2005
宮川公男, 大守隆編『ソーシャル・キャピタル』, 東洋経済新報社, 2004
末岡照啓編「広瀬宰平と伊庭貞剛の軌跡」新居浜市広瀬歴史記念館, 住友グループ広報委員会, 2005
経済産業省調査研究報告書「ソーシャル・マーケットの将来性に関する調査研究報告書～共助・互助が支える生活の安心～」, 大臣官房企画室委託調査；UFJ総合研究所, 2005
日本貿易振興機構ロンドンセンター社会福祉共同事務所「英国におけるボランタリー・セクターの資金調達に関する調査報告書」, 2005

第2編
消費者問題のこれから

特別寄稿
1. 消費者の信頼で築く繁栄

経済産業省消費経済部長
谷　みどり

1-1　「消費者被害」だけではない損害

(1) 悪質商法がまかり通ることの損害
① 消費者の被害
　近年，悪質商法は，騙しの語り口をより巧妙にしてきているように思える。これらが消費者に及ぼしている害悪は，金銭的な被害はもちろんであるが，それだけに留まらない。いわゆるマルチ商法でお金のみならず，友人も失い学業もおろそかになった大学生もいる。仕事を求めて内職商法の被害に遭った主婦は，高額で買わされた教材による学習やパソコンの習得などで，他の職探しに使えたかもしれない時間を失い，多くの労力を無駄に費やした。
　中でも悪質なのは，高齢者を狙う事業者である。高齢者は，訪問販売の相談に占める割合が大きく増えており，また，若い年代よりも多額の被害に遭いやすい(図10, 11)。老後の蓄えを失った高齢者の中には，自らを責めて自信を失ったり，家族との関係を損なったりした人もあるそうだ。相談件数に現れる事例以外に，別れて暮らす老親が亡くなった後に家を整理したら，大量の商品が出てきて初めて悪質商法の被害を知ったという話もよく聞く。

② まじめな事業者から顧客を奪う
　損害を受けるのは，消費者だけではない。消費者が悪質事業者に騙されることで，まじめな事業者は顧客を奪われることになる。地元で永年こつこつと消費者の信頼を得るために努力してきた店や，顧客のニーズに合った良質な商品を開発しコストダウンのために地道に製造工程を見直してきた工場が，第二の

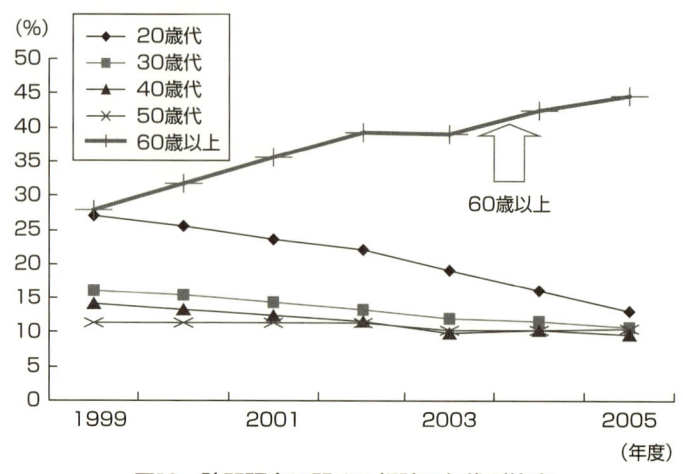

図10　訪問販売に関する相談の年代別比率

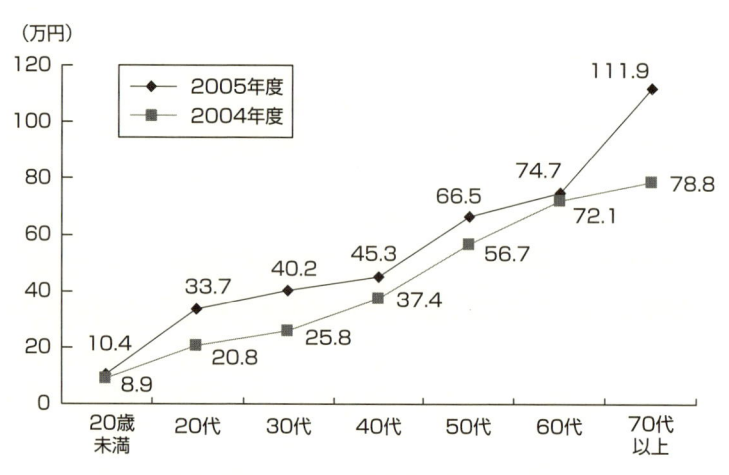

図11　特定商取引に関する相談の年代別平均契約金額

被害者である。

③ 雇われた人に人を騙すわざを植え付ける

　第三の被害者は、悪質な事業者に雇われた人である。悪質商法は、雇った若者などに人を騙すわざとそれを恥と思わない心を植え付ける。社会人としての訓練を受けるべき時期を悪質商法で過ごしてしまうことは、その後の人生に

とって大きな損失である。

　このように，悪質商法の被害は，社会全体に及ぶ。悪質商法が大手を振ってまかり通れば，これまで誠実な仕事振りで国を築いてきた日本の社会が，地道に仕事をするより人を騙して儲けようとする社会へ転落するのではないか。

(2) 製品事故が知られないことの損害

　製品事故は，悲劇である。一酸化炭素中毒で亡くなったり脳に後遺障害を負った方，シュレッダーで指を切断した幼児，火災で財産も思い出も失った家族など，想うだけで胸が詰まる。法令違反を承知で客を騙す悪徳商法とは異なり，事故を予想せずまじめに製品を作った人にとっても，思わぬ製品事故はどんなにか心の痛むものであり，事故対応はどれほどの心労であろうか。

　製品事故は，明らかに，起きるべきでない。

　しかし，製品事故を単純に「起きてはならないこと」とすると，不幸なことに起きてしまった製品事故から目を背けたり，もっとひどい場合には事故を「なかったこと」として情報を隠してしまう可能性がある。こうなると，単にその事故自体の被害に留まらず，新たな悲劇を生んでしまうおそれがある。

① 次の事故を防ぐ情報を失う

　製品事故は，次の事故を防ぐための手掛かりとなる情報の宝庫でもある。

　製品事故の情報を得られれば，まず，その製品の製造事業者や輸入事業者は，その製品の製造や輸入を止めることができる。原因が製品にあることがわかれば，製品のリコール（回収等）を行うことができる。原因が特定できれば，設計や製造過程を変更することができる。同業他社も，自社製品は事故の危険性がないか調べたり，設計や製造過程を改善したりすることで企業の信頼性を向上させ，自社製品での事故を回避することができる。新たな技術開発のきっかけにもなり得る。

　販売事業者も，事故の可能性がある製品の販売を止めることができる。次の仕入れの参考にすることもできる。事故の原因が消費者の使用方法にあれば，次の販売の際に使い方の説明を改善することができる。こうして店の信頼性を向上させるとともに，問題がある製品を販売したとして賠償を請求されるリスクを回避することができる。

修理事業者，設置工事事業者にとっても，事故情報が役立つことがある。たとえば湯沸器の安全装置が不正改造されて，一酸化炭素中毒事故が起きた。浴室暖房乾燥機では，設置工事のミスで発火事故が起きた。修理や設置に原因があれば，今後の仕事を改善することができる。

　消費者も，事故の可能性がある製品の使用を止めることで，次の被害者にならないで済む。家族や訪問客，隣人などを一酸化炭素中毒や火災に巻き込む危険も回避できる。原因が誤使用にあれば，事故を知ることで正しい使用方法を確認することができる。

　消費者以外の購入者にとっても，事故情報は役立つ。たとえば民宿の経営者が客室に設置したストーブや，アパートに家主が設置した湯沸器で事故が起きたことがある。事故情報を活用して機器の点検等を行えば，こうした事故を回避することができる。

　行政も，消費者に対する注意喚起や技術基準の見直しなど，次の事故を防ぐための行動ができる。

　起きてしまった事故はとりかえしがつかないが，将来の事故を防ぐことはできる。過去の反省は大切だが，後悔だけに留まらず，次の事故を防ぐために今できることは何か考え，それに前向きに取り組むことはできる。

　事故情報を公にしないことは，このような機会を失うことである。

② 安全な製品を売る人の損害

　事故情報が伝わらない市場では，消費は安全な製品に向かわない。消費者は，事故を知らされなければ危険性がわからず，安全な製品を見分ける情報もない。

　事故を隠す事業者よりも，リコールを行う事業者の方がよほど立派で信頼に足る。しかし，事故情報が伝わらなければ，消費者も投資家も取引相手も，よい事業者を見分けることができない。

　このような市場では，安全な製品を販売する事業者は報われない。価格の安さ，見た目のよさ等が安全性より優先される中，安全な製品だということでは競争に勝てない。その結果，品質管理に努める人，より安全な製品を設計する人，安全性向上のための技術開発に携わる人，安全な製品を見極めて仕入れる人，顧客に安全情報を的確に伝える人などの職場は狭められていく。

1−2　繁栄する国とは

　ここで，しばらく視点を抽象化して論じたい。
　国とは何か。
　繁栄する国とはどのような国か。
　国の行政に携わる中で，このことをずっと考えてきた。
　昔，国は領土と人民によって構成され，繁栄している強い国とは，広く人口の多い国だった。たとえば秦・漢帝国やローマ帝国は，領土を広げて繁栄した。しかし，現在は，たとえば面積も人口も少ないシンガポールが，もっと広く人口も多い国よりも繁栄している。
　少し前の経済学では，国は生産要素（資本，技術，労働）がその境を越えて移動しない範囲と考えられた。この中で，たとえば国内の生産要素を優先的に炭坑等に振り向ける傾斜生産方式が，日本の戦後復興の鍵として採用された。しかし現在，資本は一瞬で国境を越え，技術も知的所有権の国際的な取引や直接投資などによって国境を越える。
　今，経済の視点から見た国とは，「市場の規範」を共有する範囲ではないか。
　どのような商法を「悪質」と考えて市場から排除するか。どのような製品を「危険」と考えて回収するか。国ごとに異なる制度や習慣や価値観がある。このような中，適切な「市場の規範」を有する国に，優良な資本や高度な技術や優秀な人材が育ち，あるいは全世界から集まってきて，繁栄を築くのではないか。
　適切な「市場の規範」がない国では，人々の努力はまじめな品質管理よりも長時間の勧誘に向かう。職場で学ぶわざは，製造技術や経営手法よりも，人を騙す話術や誇大広告の手法である。このような国で，将来を支える高度な技術や優秀な人材が育つとは考えにくい。社会に付加価値を与えられるような人材やじっくりとよい事業を育てる資本には逃げられ，恥を知らず短期利益しか考えない人や資本だけが残るのではないか。そのような国は，衰退するしかない。各個人がどれだけ努力して騙しの手法を磨いても，国の繁栄にはつながらない。
　「市場の規範」によって，消費者が物やサービスを安心して買える市場が作られる。このような市場は，国民が豊かに暮らすために不可欠であると同時に，

消費や貯蓄が善良な事業者に向かうためにも必要である。

　日本経済の大枠の数値は、ここ10年以上、あまり変わっていない。国内総生産が500兆円、うち個人消費が300兆円である。この個人消費が誰の懐に入るかで、日本の将来が左右される。これが悪質商法や安全でない製品に向かえば、われわれの未来を担ってほしい優れた事業者や人材は育たない。300兆円がよりよい物やサービスを正確な情報とともに顧客に提供する事業者に向かえば、その資金は人材育成や技術開発に向かう。この個人消費を悪質事業者から守るのが、市場の規範である。よい市場の規範の下では、個人消費に加え、千数百兆円といわれる家計貯蓄も、よりよい技術等、将来を築く投資に向かう。

　こうして、市場の規範は、日本の経済社会全体の繁栄の礎となり、そこに住む人々の幸せなくらしを支える。

1－3　「市場の規範」を築くために

　どのようにしたら、よい「市場の規範」を築くことができるだろうか。
　「規範」という言葉は、規律の「規」と模範の「範」で構成される。
　よい規律を保つためには、公的部門が役立てる。たとえば特定商取引法の執行は、いくつもの悪質商法を行う事業者の違法行為を止めてきた。行政処分は、悪質商法の手口を広く知らせ、消費者の注意を喚起する上でも効果がある。消費者相談をはじめ、事実を一つ一つ確認し、困難を克服して行政処分に至る本省、経済産業局、地方自治体の職員の努力なしに、日本の市場の規律を保つことはできない。法令解釈の問い合わせに答え、新たな課題に対応する制度改正に取り組む行政官も、国家として市場の規律を確立するという役割を担っている。
　しかし、市場の規範は公的部門のみで築かれるものではない。むしろ、政府がすべてを支配ようとする共産主義など、過度な政府介入の下では、市場は機能しない。
　よい模範を示すのは、事業者である。販売、製造、輸入、修理、設置工事、支払い手段の提供、通信手段の提供、情報の提供等、多くの事業者が市場での取引にかかわっている。さまざまな分野で、法令を遵守することはもちろんの

こと，必ずしも法令で義務づけられてはいない顧客への説明や安全確保なども行い，市場のリーダーとなる事業者が出ることが，市場の規範を築く。

　消費者も，市場の規範を築く主役のひとりである。たとえば特定商取引法執行の根拠の重要な部分は，消費者から聴取した商取引の実態である。また，よい模範を示すのは優良な事業者であるが，その優良な事業者を育てるのは消費者の消費行動である。消費者が，株式購入などの投資行動でよい事業者を応援することもできる。

　このような消費者に情報を提供し，適切な行為を促すことの意義は大きい。たとえば家庭科の教科書の中で，特定商取引法は相当採り上げられている。中学の公民や高校の政治・経済の教科書にもクーリング・オフが載っており，特定商取引法に言及したものもある。特定商取引法は，消費者として悪質商法の被害に遭わずに生活するために必要な基礎知識であることに加え，国の政治や経済を日々の暮らしに実際に役立ち得るものとして具体的に理解するために適した素材でもある。

　製品安全については，たとえば換気の重要性が健康教育の一環として考えられる。また，家庭科の調理実習で「換気に注意する」ことが小学校から教科書に載っており，生徒が実際に換気扇を回すことなどで身につけることができる。電気の安全な使い方は，中学校の技術で扱われている。理科で教えられる「燃焼」も，抽象概念に留まらず多くの家庭にあるガスや石油の不完全燃焼による一酸化炭素中毒から身を守るために役立つことに気づくことで，より理解が得られ，理科を好きな生徒を増やす一助にもなると考えられる。

　消費者への情報提供は，メディアが力を発揮できる分野でもある。たとえば特定商取引法の執行についての新聞記事やニュース報道，ワイドショーでの言及等は，消費者が悪質商法の手口に気づき，被害者にならないよう注意する上で，たいへん役立っている。製品事故についても，正確でわかりやすい情報がメディアを通じて消費者に届くことの効果は，非常に大きい。

　このほかにも，消費者に情報を届け，あるいはその他の形で悪質商法を防ぎ製品安全を確保して，市場の規範構築に貢献しておられる方々は多い。主婦連，NACS（日本消費生活アドバイザー・コンサルタント協会），日本消費者協会，日本産業協会，全国消費者相談員協会，消費者団体連絡会，日本生協連，大学

生協連,「出前講座」や標準等の活動をしておられる消費者団体, 地婦連, 日本医師会, ACAP（消費者関連専門家会議）, HEIB（Home Economist in Business）協議会, 製造・輸入・販売・エネルギー・検査・認定・住宅・中小企業等経済関係の団体, 消費者政策にご理解ご協力ご指導をいただいている学者, ボランティア, 弁護士, 司法書士, 民生委員等, 法テラス, いくつもの地方自治体の消費者行政部局と消費者センター, NITE, 国民生活センター, 内閣府, 公正取引委員会, 文部科学省, 厚生労働省, 国土交通省, 農林水産省, 環境省, 総務省特に消防庁, そして悪質商法の取締りと製品事故の双方でたいへん重要な役割を果たしておられる警察の方々に, 行政官としても消費者としても, 御礼を申し上げたい。

1−4 「市場の規範」がもたらすもの

　市場の規範は, 消費者に安心して買える市場をもたらす。安全で良質な商品やサービスを製造, 提供し, 適切な説明で販売する事業者に, 日本の個人消費300兆円と投資資金をもたらす。技術や品質管理や顧客対応の向上に努力する人々を育て, 雇用を確保する。

　国の繁栄の源が広い領土であった時代, 各国は地球上に限られた土地を奪いあって戦った。国の繁栄の源が生産要素であった時代, 各国は限られた資源を囲い込むべく, 植民地や「利益線」を巡って戦った。

　一方, 国の繁栄の源が「市場の規範」であれば, それは, われわれの手でいくらでも創り出すことができる。各国は, 市場の規範をどうしたらよりよいものにできるか, 互いに学び合えばよい。

　日本が「市場の規範」を基にして一層の繁栄を築き, このことを世界に示すことができれば, これからの世界の平和にもつながるのではないか。

2．座談会「現代の消費者問題と大学院教育への期待」

日　時：2007（平成19）年3月2日（金）
出席者：井内正敏　内閣府消費者企画課長
　　　　小木紀之　日本消費者教育学会会長（名古屋経済大学教授）
　　　　小山正之　第一生命保険相互会社顧問
　（司会）樋口一清　信州大学教授

○司会（樋口）

　それでは早速ですが，座談会を始めたいと思います。

　本日はお忙しい中，日本消費者教育学会会長で，名古屋経済大学教授の小木紀之先生，第一生命保険相互会社の小山正之顧問，そして内閣府の井内正敏消費者企画課長の3人の方々にお越しいただきました。座談会の進行役は，私，信州大学の樋口が務めさせていただきます。

　本日の座談会のテーマは，「現代の消費者問題と大学院教育への期待」とさせていただきました。実は，私ども信州大学では，本年度から，経営大学院で，消費者問題に関する講座をスタートいたしました。

　最近，製品安全，食品安全，建築偽装，悪質商法の問題など，深刻な消費者問題が相次いで発生をしております。残念なことですけれども，長年にわたる消費者問題解決への関係者の真摯な取り組みにもかかわらず，消費者問題は，一向になくならないという状況が依然続いているわけでございます。

　こうした問題が発生する背景には，いろいろな要因があると思いますけれども，その多くは，企業社会の根幹としての企業のモラルの問題とか，企業内の体制，あるいは複雑化する企業社会のシステムに関連しており，その解決は容易ならざるものがあると言えましょう。そこで，私ども信州大学の経営大学院では，企業制度や企業社会のシステムを手がかりとして消費者問題解決の糸口

を探っていこうと考えたわけでございます。

本日は，まず，我が国の消費者問題の現状及び解決策について，先生方のご意見をいろいろお聞かせいただければと思います。

2-1 消費者問題の現状とその解決策

○小山正之氏
　（コンプライアンス経営への取り組み）

　消費者問題について，私自身，まとまった考え方があるわけではないのですが，日ごろ考えていることを少しお話してみたいと思います。

　消費者問題の本質を考えてみますと，そもそも，企業あるいは事業者には，市場経済主義の下，収益を追求するという基本的な命題があるわけです。しかも，この収益追求は，競争原理に基づいて，一層の効率化をもとめる中で行われているわけです。その結果，企業としてさまざまな生産財を生み出したりする過程の中で，ともすると，消費者にとって最も大事な視点が欠落してしまい，消費者問題が生じてくることになると考えられます。

　私は消費者問題の基本的な考え方というのは，消費者基本法にすべてが表現されていると思います。消費者問題を解決するための「事業者の責務」，ここをよく事業者としても理解しなくてはいけないということですね。

　消費者基本法の第一条では，消費者と事業者との間には情報の質及び量並びに交渉力等の格差が存在することを指摘しています。こうした格差にかんがみて，消費者の利益の擁護及び増進，あるいは消費者の権利の尊重及びその自立の支援，そういったものを基本理念として定めるという明解な条文となっています。この基本理念に向かって事業者がどういう努力をしていくかということ，そこが大事なことじゃないかというふうに思っております。

　企業に関係して，具体的にどんな問題が起きているのかというと，品質の問題，安全性の問題，あるいは雇用の問題，消費者に対する情報提供の問題，アフターサービス・アフターフォローの問題，もっと広く言うとプロダクト・ライアビリティ（製造物責任）などなど，事業者として，取り組まなければいけない課題がたくさんあるわけです。また，一方で，IT化だとか，グローバル化

や少子高齢化など，最近，世の中の仕組みそのものが大きく変遷している中で，新たな問題が生まれつつあるという側面もあります。

　以上のような課題に対して，企業はどういう努力をしていくべきなのかということでありますけれども，やはり今日，従来のような利益至上主義的な発想では，当然だめであって，企業としての社会的責任をどう認識し，それをどう経営の基本戦略の中に位置づけるかということが非常に大事なテーマになっているというふうに思うわけであります。

　既に上場企業の約8割が企業の社会的責任（CSR）の問題に着手しています。消費者対応，環境対応，苦情対応，あるいはコンプライアンス，内部統制の問題，こういうものを企業経営の基本的な命題として掲げて，それをしっかり全うしていくというような形に，企業の姿が変わっていることは事実だと思います。

　総論的に申し上げますと，やはり今，企業がとるべき行動としては，経営の基本方針に，「お客様第一主義」，あるいはもっと広く「企業の社会的責任（CSR）」をファーストプライオリティとして位置づけていく必要があると思います。それから企業の組織の中に，「お客様対応の組織」，「コンプライアンス問題に特化する組織」，あるいは「消費者関係の問題を専門的に取り扱う組織」，及び社内のチェックシステムとしての「検査監査体制」を充実させていくということが非常に大事だと思っております。

　さらに，組織だけでなく，組織を担う人の問題もあります。これまで，我が国の企業の中では，コンシューマー対応と言いますか，消費者対応の専門の部署，あるいはお客様からの苦情への対応部署，この専門部署の担当役員というのは，必ずしも企業のトップではありませんでした。アメリカではコンシューマー担当というのは代表取締役，あるいは副社長が担当するのが当たり前であり，日本はその意味では随分遅れているという指摘を，以前小木先生からいただいたことがあります。このご指摘は，極めて重要だと思います。単に消費者問題担当の組織を作るだけでなく，企業の中での経営トップを頂点とする担当者のきちっとした配置を実現していかなくてはいけないと思います。

　一方で，会社の内部だけではチェックし切れないさまざまな課題がありますので，こうした問題には外部の力を借りるということも大事だと思います。新

会社法でも定めているわけですけれども,社外取締役,あるいは社外監査の仕組みも極めて重要な役割を担うこととなります。また,いろいろな意味でのアドバイザーとか,当社で言いますと,評議員だとか,総代,こういった人たちの構成の中に消費者代表を充てる,そういったチェックの仕組みをきちんとしていく必要があると思います。要するに,企業という組織が良い方向に向かって運営されるよう,二重,三重にチェックしていく仕掛けづくりというのが非常に大事だと思います。消費者関係の先生方の適切なご意見というものを会社が真摯に受け止めて,それを基に会社の中を浄化していく,そういう改革が求められているのではないでしょうか。

○小木紀之氏
(コンシューマリズム十戒)

「21世紀は,企業倫理の確立を目指す新世紀にならなければならない」ということを前に書いたことがあります。企業倫理(ビジネス・エシックス)の問題は,今日の消費者問題を理解し,その解決策を考える上で重要な意味を持つと考えています。

振り返ってみますと,20世紀後半の1970年代には,企業環境の著しい変化がありました。このことが,コンシューマリズム,消費者主義の台頭の契機となったわけです。その意味では,この時期は,現在の消費者問題の一つの入り口の時期として位置づけられるのですが,この頃から,消費者の関連法制の整備や体制強化も本格化してきています。とりわけ企業行動への規制強化,国民生活の優先,あるいは豊かな人間環境の創造といった考え方を基本とする消費者施策の展開がなされてきました。

一方で,消費者みずからの手による消費者運動の活発化やマスコミによる企業倫理,企業の社会的責任の追及によって,特に1970年代以降は,企業にとって新しい企業経営の理念を確立していかなくてはならない時代に入ったと言えましょう。それが「消費者の時代」に入ったということの意味であると思います。

1970年には,全米商業会議所が「コンシューマリズム十戒」というものを採択し,消費者の利益を保障することは,長い目で見れば企業の利益につながる

ということ（consumerism makes money）を謳ったわけです。「コンシューマリズム十戒」では，次のような項目をあげています。

一．消費者の健康と安全を守れ。
二．最高の品質，最低の価格を目指し，最新の技術を活用せよ。
三．生産に先立ち消費者の声を聞け。
四．製品保証書の記載をもっと単純明快にせよ。
五．最大限のアフターサービスと料金の公正化を図れ。
六．厳しい法規制に縛られる前に，自発的に市場から詐欺的行為を締め出せ。
七．売り手の商品知識を高め，客の質問に責任ある答えをせよ。
八．消費者教育を通じ，正しい商品知識と情報を広めよ。
九．消費者に十分な選択の機会を与えよ。
十．苦情の受付，処理に効果的なルールを確立せよ。

　この「コンシューマリズム十戒」は，40年近く前に，全米商業会議所が採択した，言うなれば企業行動指針のようなものなのですが，これが実は今日においても，決して古びたものとなっておらず，新鮮な一つの指針として，われわれに迫ってきている面があるのではないかと感じます。その意味では，消費者問題はある面では繰り返しと言えば繰り返しなのですが。

（問題解決の方向性）
　消費者問題が繰り返し起こるのは，消費者問題が非常に広範囲にわたるものであるということにも関連していると思います。かつて消費者運動を推進していく際にも「タクアンから原子力まで」という言葉がありましたけれども，この言葉に象徴されるように，消費者問題の対象とされる範囲は非常に広いわけですね。近年では，タクアンから原子力までと言われた時代と同じように，製品安全や建築偽装から悪質商法問題まで，非常に深刻かつ広範な消費者問題が私たちの周辺に多くあります。私たちは，これらの広範にわたる消費者問題の解決の方向性というものを見出していく必要があるということになるわけです。

　私は，消費者問題解決の方向性というのは3つの側面があると思っています。1つは消費者政策的な側面です。消費者保護法制の強化を図っていくというような方向です。2つ目は，消費者自らが，企業にとっての「カウンターベーリ

ング・パワー（社会的拮抗力）」にならなくてはならないという意味での消費者運動の側面です。3つ目は，消費者教育の問題ではないかというふうに思います。消費者教育のねらいが一体どこにあるのかということは，古くて新しい課題ですけれども，一言で言うならば，自ら学ぶ意欲を持ち，社会の変化に主体的に対応できるような消費者を育成すること，これが広い意味での消費者教育のねらいではないかと思います。その結果として，消費者がその権利と責任を理解し，自らの役割を果たすことに対する教育的援助としての消費者教育が評価されてきたというように思っています。

企業行動の中でこれから大切になるのは何かというと，企業の前向きな努力を社会的に評価していくことであると考えています。今日，企業不信につながるような問題が多発しています。こうした問題については，もちろん世論を通じて厳しく企業を糾弾していかなければいけないと思います。ただ，それと同時に，企業を評価していくこと，企業評価の方向性というものをもっと前面に出しても良いのではないかと思うわけです。

（ビジネス・エシックス賞に学ぶ）

アメリカでは，「ビジネス・エシックス」という雑誌があり，1989年にビジネス・エシックス賞というものを制定しました。ビジネス・エシックス賞は，時代を先取りし，自社の活動分野の評価を，おとしめることではなくて高めようと努力している企業をほめたたえるために制定されたものです。ビジネス・エシックス賞は，この賞をもらうことによって消費者の企業への信頼感というものが一層増すという，そういう賞なのですね。しかもその中身としては，①倫理的に事業を展開しているかどうか，②倫理的及び社会的関心が，真の意味で企業文化を構成しているかどうか，③社会的責任プログラムを展開し，誠実で，会社内が常に活気に満ちているかどうかなど……さまざまな評価の基準がつくられています。要するに，ビジネス・エシックスに関して，しっかりと取り組んでいる企業を評価していく。そういう中で，企業体質をみずから改善していく環境を作り出していくというやり方です。法的な規制をいくら強化していっても，そればかりでは，その場限りで規制を逃れようという対応や体質を持っている企業に関しては，やはり根本的な問題解決にはならないでしょう。この点は，経営大学院の教育で消費者問題を取り上げる際にも，重要な論点になる

のではないかと思っています。

○井内正敏氏
（行政の果たすべき役割）

　まず，行政の役割に関してですが，我が国の消費者行政の出発点は，昭和43年の消費者保護基本法制定にさかのぼることができます。以降，基本法の枠組みの下で，消費者関連の諸制度をつくったり，あるいは消費者問題への行政対応を行ったりしてきたわけですが，近年は，とりわけ，「規制緩和」という経済政策の大きな方向性との関係が重要になっています。今日の政策運営は，基本的には，「規制を緩和すれば，それが結局は消費者のためになる」という考え方に基づいて展開されています。ただ，その中で，たとえば安全の規制をどうするかとか，そういった個別の問題はいろいろ出てくると思います。こうした問題に対する新たな政策のあり方については，規制の役割を明らかにしつつ，やはりしっかりと考えねばならないことは言うまでもありません。

　安全に関する行政の対応を考えるに当たって考慮すべき問題は，決して単純なものではありません。今日，安全に関する消費者やマスコミの関心は極めて高くなっていますが，事故の件数そのものの動向とか，安全対策が不十分であるとかいう側面だけでなく，国民が求める安全の水準そのものが高くなってきていること，あるいはトラブルをどう回避するのかという問題に対する消費者の関心が高まっていることなどの要因が背景にあることも見過ごせないと思います。では，こうした課題にどう対応していくべきなのでしょうか。この場合，もちろん，行政の対応は重要ですが，企業の自主的取り組みや，消費者の積極的な対応も不可欠であると考えられます。消費者の安全を確保していくためには，消費者，企業，行政，それぞれの主体がしっかりと安全の問題を考えていく必要があるというのが今日の行政の立場です。規制改革や官から民へという流れの中で，新たな官民の役割分担が求められていますが，消費者政策の面での行政の基本的役割は，事前規制から，企業のコンプライアンスを前提とした事後規制へとシフトしつつあると言えましょう。

　当面の行政の課題ですが，これについては，消費者基本法に基づいて平成17年に消費者基本計画が制定されましたので，この基本計画を実施していくこと

が重要であると思います。基本計画は政府全体として取り組まなければならないものであり，その実施に当たっては，縦割り行政に陥ることなく内閣府を中心とした横割りの取り組み体制を確立していくことが必要だと思っております。特に，当面の重要課題としては，高齢社会の進展する中で，高齢者を狙う悪質事業者をどう取り締まるかという問題があげられます。また，先般，経済産業省が消費生活用製品安全法を改正して，事故情報の報告制度を設けましたが，安全の面では対策の強化が課題となっています。さらに，消費者契約の面では，消費者団体訴訟制度の円滑な運営や特定商取引法の指定商品・指定役務制の廃止の可能性に向けた検討なども課題となっています。いずれにしても，内閣府としては，社会の動きに対応して，関係省庁と連携して政策見直しを早めなければいけないというふうに考えています。

（企業の自主的取り組みの意義）

次に，企業の役割ですが，この面で特に重要と考えられるのは，「企業の社会的責任」，あるいは「コンプライアンス」の問題ではないかと思います。コンプライアンスについては，しっかりと取り組まれている企業もありますが，今，安全性の問題など，消費者あるいはマスコミも含めて社会全体の意識が高まっている中で，どのように企業が行動するのかという問題については，企業だけではなく，行政や消費者も関与していくことが必要ではないかと思っております。企業が社会的責任とか安全性というものを重視されているとしても，やはりそこには問題が起こるということが当然あり得るわけです。ところがそれが起こったときに，あらかじめ，ある一定の合意が形成されていないと，情報を開示して，しっかりとした対策を打つことは難しいのではないでしょうか。企業としては，情報開示が国民やマスコミの追及につながり，企業の存続に関わるというようなことであれば，情報を隠蔽する方向になりがちです。そうさせないためには，行政だけではなく，社会全体として事故やトラブルなど企業の安全性に関わる問題にどう対応していくのかという一定の合意を形成しておくことが必要だと思います。

ただ，国民生活センターの調査などを見ますと，日本の現在の消費者の大半は，問題があったときにしっかりと対応した企業に対して，高い評価を与えています。調査では，ネガティブな評価は2割を切るくらいとなっています。リ

コールをかけたり，製品事故やトラブルを公表したりした企業は信用できないという消費者は少数と考えられます。

（消費者の自立へ）

それから消費者の役割というものも大変重要だと思います。消費者問題を解決していくためには，やはり消費者自らがしっかりと自立することが必要だと思います。行政の立場からこういうことを言うと，怒られることも多いのですけれども。平成16年の改正で，これまでの「消費者保護基本法」は，「消費者基本法」となり，基本法の理念も「保護」から「自立」へと大きく変わっております。新たな基本法では，行政は，消費者教育の機会の確保や必要な情報の提供を通じて消費者の自立を支援していかねばなりません。消費者への必要な情報の提供は企業サイドにも求められています。こうした行政や企業の取り組みを前提として，消費者みずからがしっかりと判断するということも必要ではないかと思います。問題が起こったときに，消費者は，企業，行政の責任を問うだけでなく，可能であれば，自らも情報を持って正しい対応をしなければならないと思います。そこは消費者自身もしっかりとやっていく。そのためにやはり国レベルで，行政レベルで，消費者教育を充実させていくべきだということを強く感じております。

2－2　経営品質向上のための方策

○司会（樋口）

ありがとうございます。せっかく皆様から貴重なお話をいただいたので，もう少し，具体的な議論をしていきたいと思います。小木先生からアメリカのビジネス・エシックス賞のように，前向きな，時代を先取りしていくようなものを評価するということで，企業の方向づけをしていくという具体的なアドバイスをいただきました。

井内課長，行政サイドでは，そういうことについてはどうお考えですか。行政，企業，消費者，それぞれの主体が自らの責任を果たし努力をしていくというお話がありましたけれども，社会全体として，前向きな取り組みに対してどういう評価をしていくべきなのかという点についてもご意見をいただければと

思います。

○井内正敏氏

　極めて重要なことだと思います。行政が評価するだけでは十分とは言えないと思います。一部では消費者団体が評価を行っていますが，それが一般消費者，あるいは社会全体として共有されているかというと，まだ，そこまでいっていないのではないでしょうか。この面では，消費者が信頼できる評価機関の育成，確立も重要と思います。消費者団体やしっかりした活動を行っている NPO が評価の実績を積み重ねていただければと思っています。

○司会（樋口）

　小山顧問，企業のお立場では，こうした表彰制度についてはどう評価されていますか。経済産業省では消費者志向優良企業等表彰制度を設けていますが，私が特に気になるのは，中小企業への対応です。もちろん経営にゆとりのある大企業が一歩踏み込んで先進的な取り組みの例を示すということもありますが，中小企業の方々は，厳しい環境の中で可能な範囲でのさまざまな努力を重ねてこられています。消費者志向優良企業等表彰制度でも，中小企業の方々は表彰の対象になっていますが，やはり全国で数件だけというと，表彰されるチャンスも限られてしまうし，表彰制度の効果も不十分なものに止まってしまうのではないかと思います。

○小山正之氏

　私どもの会社も経済産業省の消費者志向優良企業等表彰（1995年）や社会経済生産性本部の日本経営品質賞（2001年）を受賞させていただきました。こういった賞を経営のテーマとして，受賞に値する企業になることをしっかりトップダウンで決め，その目標に向かって全社員が努力していくことは，大変大事なことだと思っています。

　お話に出ました中小企業の問題ですが，消費者志向優良企業等表彰でも，中小企業が表彰されている例がありますし，日本経営品質賞に関しても，中小規模部門があり，2006年度は，福井キヤノン事務機㈱という福井県の地場の中小

企業が受賞されています。ただ，中小企業については，まだ，こうした考え方が十分に行き渡っていない面があることは否定できません。経営品質や消費者志向の問題については，もっと裾野を広げて，皆がその問題に取り組みやすい風土をつくっていくことが大事だと思います。さかのぼれば，アメリカでも1980年代の経済あるいは産業そのものが停滞していた時期には，どうしたらアメリカは復活していけるかということが大きな社会的課題でした。そして，日本の企業がやっている品質向上運動，これにならって，時の商務長官のマルコム・ボルドリッジが，「マルコム・ボルドリッジ国家品質賞」という賞を設けて，これに向かって何千社の企業が挑戦するようになったわけです。この国家品質賞は，大統領みずからが表彰するという制度で，全米各地から多数の応募があって，表彰式は大変大きなスケールになりました。日本経営品質賞というのは，実はそこから学んで，日本版MB（マルコム・ボルドリッジ）賞としてスタートしたものです。私は行政とかマスコミとか，影響力のあるところが，こういうことをもっと推奨していくという動きをされた方が良いのではないかと思っています。

○司会（樋口）

　ありがとうございました。小木先生，どうでしょうか。こういう問題解決のための仕組みの中で，今，少し欠けているところとか，われわれの力の置きどころ，ちょうど行政の責任者もおられますので，政府の役割ということも含めてご覧になって，どういったところを特に当面の重点にしていけば良いのでしょうか。

○小木紀之氏

（練成された消費者の役割）

　今までの話の中で関わり合いがあるのですけれども，今後，ますます重要になってくるのは，「外部評価の目を消費者が持つ」ということですね。これは「練成された消費者」といった方がいいかも知れませんが，「練成された消費者」が企業評価にあたるというところまで行くとなると，やはり企業のコンプライアンス経営に大きな影響を与えていくのではないかと思いますね。これには，消

費者が，先ほども申し上げましたが，主体性を持つ消費者に育っていくということが不可欠と思います。「練成された消費者」が企業評価を行えば，企業も不祥事を起こしてはならないという抑止力が大きくなり，制御が利くようになると思います。それによって消費者問題のかなりの面が解決されるのではないかと期待しています。「良い企業を育てるんだ」という意識を，もっと消費者自身の中に広げ，浸透させていくことが，消費者教育の観点からも重要になってくると思います。

○井内正敏氏

今，小木先生が指摘された点は，行政サイドでも重要と思います。企業は市場の中で競争しているわけですけれども，やはり消費者側がその財・サービスの評価基準に，「品質プラス企業評価」をしっかりと入れて，それに基づいて市場での選択を行うということで問題の解決を図れるのではないかと思います。企業の方も，コンプライアンス経営という場合には，単に法令を遵守すれば良いというだけでなくて，プラスのコンプライアンス部分というものを重視していると思いますので，市場を通じて，両者がうまくマッチするようになることが重要だと考えています。

2－3　企業の社内教育の現状が示唆するもの

○司会（樋口）

小木先生からの「企業評価の目を持つ消費者」，「練成された消費者」を育てることを通じて，良い企業を育てていくべきだとのご指摘を伺って，私も少し勇気が湧いてまいりました。

一般の消費者の方々は，学校を出た後，なかなか消費者問題について体系的な知識を習得する機会がないように思います。今日，法律も，技術も日進月歩ですが，たとえば，サラリーマンとして多忙な日々を過ごす中で，新たに知識を得る努力を積み重ねるということはかなり大変なことではないかと思います。

そんな中で，信州大学では，主に地域企業の経営幹部や中堅エンジニアを対

象とした社会人のための経営大学院における一つの試みとして，消費者問題について改めて勉強していただく機会を設けました。私どもの場合には，とりわけ経営を学ばれる方々にとって消費者問題への理解は不可欠ではないかという問題意識から講座を始めさせていただきました。

　もちろん，この問題は，これまで企業が社内教育の場で最も重視してきた課題の一つでもあるわけです。そこで，小山顧問に，企業のお立場から社内での消費者教育の実情などについて，お伺いできればと思います。また社内教育と消費生活アドバイザーなどの外部の資格制度や教育システムとの関係についてもお教えいただければ幸いです。

○小山正之氏

（社内教育の実情）

　当社の社内教育は，まず，創業の理念を学ぶことからスタートします。明治35年，当社は，株式会社ではなく，相互扶助の精神に基づく我が国初の生命保険相互会社として設立されました。当社の創設者，矢野恒太は，ドイツの経済学者Ａ．ワーグナーの相互会社の理論を学び，自らが農商務省保険課長となって，我が国における保険相互会社の法制度を整備した人物です。矢野は，「非射利主義」ということを言っています。当時の株式会社形態の保険会社では，保険料の剰余を株主に配当していたのですが，もし皆が負担し合って余るものがあるなら，それは契約者に返すべきだというのが「非射利主義」の考え方です。こうした考え方を創業の基本理念として，当社は設立されたわけです。

　今日，会社は，さまざまな課題に直面しています。情報化，ネットワーク化の問題とか，消費者問題とか，ノーマライゼーションの問題とか，そういった課題の中で，会社が改めて創業の精神に戻って，「お客様を一番大切にする会社をめざす」ということが大変重要なことと思います。その決意を示す標語として当社では昨年９月に「品質保証新宣言」というものを公表しています。また，「私たちの仕事はお客様のためになるか」という問いを事業運営の基本に据えています。普段の仕事の中でも，「お客様のために」という考え方がベーシックなものになっていないとおかしいということで，常にそういう観点からチェックする仕組みを働かせるようにしています。

他方で、当社では、消費者関係室が中心になって、外部のいろいろな消費者教育制度を活用しています。たとえば、先ほどお話に出ました消費生活アドバイザー制度や消費生活能力検定試験制度、そういったものを外部から取り入れて、その受験を勧奨しながら、社内に専門的な知識を持った人材を養成することにも取り組んでおります。日常的な業務の中で、消費者問題を現場から考えていくこと、また、外部の制度を大いに活用させてもらいながら、昔から伝えられているお客様第一のDNAに磨きをかけていくことが、当社の基本的なテーマです。

(先進的なCSR企業の特徴)

我が国企業のCSRについて、私なりに整理してみますと、先進的な取り組みをしている企業の対応のあり方には、おおよそ次のような5つの特徴があるように思います。

第一は、創業時の経営理念を非常に大事にしているということです。創業理念そのものに、まさに「お客様のための会社です」ということを謳っている企業が多いんですね。第二は、トップがCSRに関して強力なリーダーシップを発揮しているということです。第三は、社内、社員に向かって、CSRの考え方を徹底するためのいろいろな工夫や仕組みを一生懸命考えているということであります。たとえば組織の面だとか、人の配置だとか、もろもろの面で工夫をしています。第四は、社会に向かって、私たちの会社はこういうことを目指しますと、堂々と宣言している。こうした宣言に基づいて、お客様の理解や共感を得るような取り組みを行っていく、そういう努力をしている。第五は、自分たちのやっていることが正しいことなのかどうかについて評価する仕組みを持っている。社内の仕組みではなく、外部の物差しを活用している。たとえば、先ほど出ました消費者志向優良企業等表彰制度や日本経営品質賞、あるいは国際的な面では、ISOの規格や、GRI（グローバル・リポーティング・イニシアティブ）のガイドライン、これを非常に大事にしている。そういういくつかのチェック指標があって、それに私たちの日常やっていることが合っているかどうかをチェックしているんですね。

○司会（樋口）

　今のご指摘で，少し気になった点があります。経営史を振り返りますと，明治時代，あるいはそれ以前から，我が国企業の中にはCSRに関して先進的な取り組みを行うものが多く見受けられたように思います。商人道や家訓を例に引くまでもなく，当時の経営においても，創業の理念の尊重とか，トップの強いリーダーシップとか，社員への意識の徹底という側面では，かなりしっかりした取り組みが行われていたように思います。むしろ最近の状況を見ていますと，それこそ互助社会や共同体の崩壊ではないですけれども，会社も今までの終身雇用のシステムがだんだん変わってきて，良き伝統やDNAが，若い世代にうまく伝承されていかないという側面が際立ってきているような気がします。この点はどうなのでしょうか。こうした会社の機能不全を補うために，外部に，はっきりと宣言をして，外部評価を行うなど，社会全体で会社の役割をチェックしていく手法が取られ始めたといったら言い過ぎでしょうか。

○小山正之氏

　そこは決してそうでなくて，会社内部の努力で，改善できることがあると思うんですね。当社でも，経営トップと社員が直接対話する機会をいろいろ工夫しています。いずれにしても，社内で創業のDNAを生かし続けるための仕組みづくり，そのための努力は絶対必要だと思いますね。これは何も社外の力を借りなくても，本来的に取り組まなくてはならないことだと思います。こうした問題については，社長も含めて全社一丸となって取り組んでいくことが不可欠です。

2－4　大学院における消費者教育のあり方をめぐって

○司会（樋口）

　ありがとうございます。全く同感です。小山顧問が紹介された企業の取り組みの姿勢は極めて大切なものと思います。信州大学経営大学院においても，こうしたコンプライアンス経営のモデルを十分に参照しながら，当面の社会人教育，経営者教育を推進できればと思っています。

信州大学の消費者教育は，まだ，始まったばかりですし，消費者教育の体系の中でみれば，ごく一部の役割を担おうとしているに過ぎません。ただ，せっかくの折でございますので，大学院レベルでの消費者教育をどういう方向性のものにしたらいいのかということについて，いろいろここでお知恵をお借りできればと思っております。小木先生，いかがでしょうか。

○小木紀之氏

信州大学における消費者問題の講座を拝見しますと，その特徴は，大学院レベルであることと，経営大学院であることと，社会人向けの教育機関であることの3点だということです。この社会人向けの教育機関という問題は，今日，大学院教育のあり方を考える際に，かなり比重が大きなものとなっているんですね。そこで，この点を消費者問題とオーバーラップさせて考えてみますと，「社会人の消費者学習」という課題が浮かび上がってくるわけです。とりわけ，1962年のケネディ大統領の特別教書にある「すべての国民は消費者である」という前提に立ちますと，誰もが兼ね備えている消費者の役割に関連するさまざまな課題を学習する活動，これが「消費者学習」と言われるものなんですね。消費者教育というのは，消費者の学習活動に対する支援や援助ということですから，具体的な形態としては，学習プログラムや学習教材，学習のための施設だとか設備というような，社会人の消費者学習のためのリソースですね，それを複合的に活用できるようにし，計画的かつ継続的な教育的支援を行っていくというところに基本的な役割があるのではないかと思います。

その意味では，社会人への消費者教育は，大学そのものの社会的役割ともつながってくる面があります。地域における社会人の消費者教育を充実させていくという側面では，ファカルティ・デベロップメント（FD）とスタッフ・デベロップメント（SD）の一体化を通じて大学の機能強化を図っていくという手法が有効かも知れませんね。我が国でも，立命館大学や名城大学など，すでにFDとSDの一体化に取り組んでいる大学もあるようですから，参考にされたら良いと思います。

むしろ，信州大学の消費者問題講座としては，消費者問題に関する専門職業人育成というような具体的な目標を掲げて，どういう人材をそこで育成してい

くかという具体的なアドバルーンを上げてやった方が，非常に良い結果を生むのではないかという気がしています。専門職業人の育成というところまで結びつけていかないと，大きな成果にはつながりにくいという感じを持ったんですが。

○司会（樋口）

　先生がおっしゃったように，もし，消費者問題に関連した専門職業人の育成というようなことが実現すれば，消費者問題に深く関わりたいけれど，学習の場がないと考えていた方々の期待に応えることができるわけですし，また，企業サイドでの専門的な人材へのニーズも今後ますます大きくなると予想されます。その意味では，この分野の専門的な人材養成に関する潜在的なニーズは，かなり大きいのではないかと思っています。井内課長，そういったいろいろな流れについてはどういうふうにお考えですか。

○井内正敏氏

　今，消費者教育の体系化について，日本消費者教育学会のメンバーの方にも参加していただいて，幅広く検討いただいています。大学生や社会人に対する消費者教育のあり方についても検討されていますので，細かい議論はそちらに譲りたいと思います。

　大学院での教育という面では，私も専門職業人養成のための教育ということが重要と思います。消費者問題は，ますます複雑化，高度化しており，これまでのような大学教育レベルでの各分野の知識や判断力だけでは問題に対処するのが難しい状況となりつつあります。そうした中で，「消費者問題の専門家」を社会に送り出していくことは極めて重要な課題の一つと思います。また，大学院は教育と並んで研究の機能を有していますから，官から民へという流れの中で，安全性など科学的知見を必要とする分野での行政の能力不足を補い，消費者の自立を支援する社会的役割も期待できるのではないでしょうか。

　もう一つ，強調しておきたいのは，消費者問題や消費者政策が学際的アプローチを必要とする分野であるという側面です。まず法律学が関係しています。法律については消費者法という分野が確立していますけれども。次に経済学が関

係してきます。たとえば，政策をつくるときには，当然コストがかかります。どういうコストがどの消費者に負担されるのかという関係の分析は政策決定に当たっては，極めて重要です。また，信州大学のように，経営学の立場から企業のコンプライアンス経営などに焦点を当てることも不可欠と思います。もちろん，他の社会科学の分野も関係してきますし，さらには，それだけではなく，理工系の学問的知識も必要となります。製品安全問題は，環境問題とも関係する場合が多いと思います。消費者問題については，異なる分野の専門家が知見を出し合い，問題の解決策や理論，政策を見出していくことが不可欠であると思います。そういう意味では，消費者問題を軸に新たなアカデミズムの流れを構築していただけると行政サイドとしても心強い限りです。そうした流れが本格化できれば，アカデミズムと行政や企業の現場との連携がしっかりとれるようになるのではないかと考えています。消費者問題についても産・官・学が連携・協力ができればと大いに期待しています。将来，消費者問題を総合的に扱う大学院が実現すれば，そうした流れの水先案内人として重要な役割を担ってくれるのではないでしょうか。

2-5 日本の消費者教育がめざすべきもの

○司会（樋口）

　私どもの大学院の話はこのくらいにしまして，もう少し広く，日本の消費者教育のめざすべきものについて，本日の座談会のしめくくりとしてお話を伺えればと思います。

○小木紀之氏

　現状の大学の講義の中で，消費者問題の講座をということになりますと，極めて即物的,即対応的な考え方に終始するきらいがあります。こうした講義は，対症療法的にやっていればそれで済むかのような印象を与えかねません。
　果たしてそれでいいのかということがあるわけですね。もう少し弾力性に富んだ，ダイナミックな視点が必要なのではないでしょうか。もちろん，入り口としては，こうした問題も大切ではあるけれども，基本的には，消費者教育の

問題でも，やはり消費者の権利や責任を問題意識させる，そういうものにつなげていかないと。その点では，アメリカで言われている「コンシューマー・シチズンシップ(消費者市民)」の育成は重要だと思います。このことに関連して，以前，書いたものをご紹介しておきたいと思います。

> 消費者の権利の実現を目指す消費者教育は，「生産者と消費者間の力関係をバランスあるものとし，より活動的で啓発された市民を生み出すこと」にフォーカスされる。そして「政策プロセスの役割を理解し，個人的，集団的行動を通して公共政策に影響を与えていく」，つまり社会的意思決定ができる消費者力を持つ，「消費者市民の育成」こそが権利実現を目指す消費者教育のねらいと言えよう。

○小山正之氏

大変大事なことですね。ここに，すべて言い尽くされていると思いますね。

○小木紀之氏

これまでは，個人的な消費満足を高めるということだったのですが，そうではなくて，もっと，政策を動かすことのできるような消費者市民を育てようということが求められているのではないでしょうか。

○小山正之氏

企業の場合には，持続可能な社会に対してどういうふうに貢献するのかという問題があります。経済の側面，社会の側面，環境の側面から求められている重い役割があるわけですね。消費者に関しても社会の持続的な発展に寄与していくためにどういう意義，役割があるのか，どういう貢献ができるのかということをもっと明示的に意識していくべきだと思うんですね。企業は，端的に言うと，企業価値をいかに高めるかが問題となります。企業価値は，社会にどう貢献できるかという意味で，経済的な側面だけでなく，環境問題，社会問題など，いろいろなことを包括した概念ですが，これに対応して，全くの私見ですが，消費者価値のような概念はつくれないものでしょうか。企業はどこに向かっているのかと言えば，企業価値を高めるために行動する。消費者について

も，ある意味で，消費者価値を高めるためにはどう行動していくべきかというような議論があっても良いのではないでしょうか。

○司会（樋口）

本日はどうも貴重なお話をありがとうございました。

第3編
消費者運動の歴史と課題

「消費者運動の歴史と課題」

主婦連合会参与（元会長）

清水鳩子

(2006（平成18）年11月7日（火），信州大学経営大学院での記念講演抄録)

〇司会（信州大学・樋口一清）

　本年度から，信州大学経営大学院では，新たに消費者問題の講座を開設することといたしました。本講座の開設を記念しまして，本日は，講師に清水鳩子先生をお迎えし，ご講演をいただくことといたしました。清水先生は，もうご紹介するまでもないと思いますが，主婦連合会の会長を務められまして，現在，主婦連の参与をしておられます。日本の消費者運動のリーダーとして長年ご活躍でございますが，今日は「消費者運動の歴史と課題」ということで，私どもが，これからどういう形で消費者運動を展開していったら良いかということ，そして，これまでの日本の消費者運動が成し遂げてきた成果等についていろいろお話をいただけることと思います。

　本日の記念講演会は，経営大学院の他，長野県長野消費生活センター，長野県消費者団体連絡協議会，北信地区消費者の会連絡会，長野市消費生活センター，長野市ものづくり支援センター運営委員会の皆様方との共催で開催いたします。講演会の開催に当たり，ご支援，ご協力を賜りました関係者の方々に，改めて，感謝申し上げたいと思います。

　それでは清水先生，どうぞよろしくお願いいたします。

　　　　　　　　　　　　◆　　　　　　　　　　　　

　皆様こんにちは。きょう神奈川の家を出て来る時に，大粒の雨が降りまして，天気予報では大分荒れるということでしたので困ったなと思っておりました。ところが新幹線で長野の駅に降りた時にはもう雨も上がってよく晴れておりました。これから1時間ちょっとお話をさせていただくこと，本当に感謝申し上

講演風景

げます。

　私は法律や経済の専門家でもございませんし，消費生活アドバイザーやコンサルタントの資格も持っておりません。ただ約60年近く，尊敬する奥むめお先生の作られた主婦連合会という老舗の消費者団体に参加して，一生懸命に，奥先生の言われるままに，社会のために何かできることがあるのではと思って，今日まで生活者の視点に立って消費者問題と取り組んでまいりました。ですから私が話しますことは自分で経験したことだけで，専門家の方には物足りないのではとも思いますけれども，60年近い歴史というものはいろいろなことを教えてくれる面もございます。そういうことをお酌み取りいただけたら幸いでございます。

1．消費者運動の歴史に学ぶ〜その一例〜

　きょうは，日本の消費者運動の歴史の中から，1）ジュース裁判，2）ヤミカルテル灯油裁判，3）PL法制定運動の3つをテーマとして選んできました。いろいろなテーマがあるのですけれど，今の時代につながるテーマとしてこの3つを取り上げてみました。ご承知の方もおられるかと思いますけれども，もう一回おさらいするつもりで聞いていただけたらと思います。

(1) ジュース裁判
主婦連，果実飲料等の表示に関する公正競争規約に反対し，公正取引委員会に不服申立；1971（昭和46）年

(訴訟の発端)

　まずジュース訴訟，これは日本の消費者運動の歴史の年表などには，「主婦連ジュース訴訟」ということで，必ず出てきます。ジュース訴訟というだけでは，若い方々には，どんな内容なのか，おわかりになりにくいかも知れませんけれど。

　当時，たまたま主婦連の役員会がありました際に，私よりもひと回りぐらい年上の方が，「このごろジュース，ジュースと言うけれど，私が子どものときに飲んでいたジュースと味が何だか違うんだよね」とおっしゃったんですね。皆，テーブルの前のコップにジュースが配られていたんですけど，その方は「味が違うんだよね，このごろの…」とおっしゃったんです。私たちは，いろいろなものを飲み慣れてしまっているから，昔々の本当のジュースというのが，どういう味だったか，言われてみても，よくわからなかったんですけど。昔の人は，そこはすごいものですね，ただ飲んでみるだけで，「これ昔のジュースと違うよ」と言ったんですね。

　主婦連合会は昭和23年に設立された団体ですけれど，昭和25年にもう日用品審査部という，商品テスト室の真似事みたいな組織をつくっていたんです。審査部長をしていたのは，高田ユリさんという共立女子薬学専門学校（現共立薬科大）を出た方です。高田ユリさんは，彼女のご主人が朝日新聞の記者で，主婦連の活動に好意をもっていて，よく主婦連の取材に来ておられました。奥むめおさんが記者の高田さんに向かって，「あなたの奥さんは科学者らしいんだけど，家に置いておかないで主婦連の仕事を手伝わせなさい」と言われたんです。奥先生はだれにもでそう言うんですね。当時，共立薬科大学の助手をしておられた高田ユリさんが，奥先生に言われるままに，会員から持ち込まれたいろいろな商品のテストをやることになったんですね。

　「この頃のジュースって変な味だよね」という発言がきっかけとなって，ジュースを調べてみることになったんです。会員が手分けしてジュースの買い

集めをやったわけです。この商品の買い集めという方法は、今でもやっています。ビンに入っているものあり、缶に入っているものあり、小さいものあり、大きいものあり。それから、今でもあるんでしょうか、粉末ジュースというもの。粉になっているのをコップにスプーン1杯ぐらい入れて、お水を加えて飲むものです。そんなものも含めて買い集め、それでテストしたんですね。そうしましたら、100件のうち、「ジュース」と呼べる果汁100％のものは3件だけでした。あとは、皆「うそつきジュース」ですよね。極端なものだと、容器にはオレンジの絵があって、オレンジジュースと表記されているのに、果汁は1滴も入っていなくて、全部色つき水だったというものも試験の結果、みつかりました。これはおかしいということで、また主婦連の役員会の議題になったんですけれど、その時に皆が異口同音に言ったのは、「オレンジの絵がかいてあれば果汁だと思う、まさか1滴も入っていないなんて」ということです。

　そこで主婦連は、800人の方々にアンケートを取ったんですね。ビンや缶の表面に果物の絵が書いてあって、果物の切り口からは果汁がタラタラと垂れているような絵があり、「ジュース」と表記してあれば、あなたは「100％果汁」だと思いますか、どうですか、と聞きました。アンケートの結果は、6割の人が、「果汁が入っていると誤認する」と答えたんですね。

（公正競争規約の制定）

　主婦連では、このテスト結果とアンケート結果を持って、公正取引委員会という表示の取り締まりをやっている役所に、果実飲料の表示についての基準を作ってくれということを申し入れに行ったわけですね。

　不当景品類及び不当表示防止法、略して「景表法」には、事業者の団体である公正取引協議会が、表示や景品に関して公正競争規約を作ることができるという仕組みがあって、たくさんの規約が作られています。公正取引委員会は主婦連の要望を聞いて、果実飲料の公正競争規約を作ろうかということになったんですね。そのために、業界とか、消費者代表とか、流通の人とか、それから学識経験者の方とかを集めて、「表示連絡会」というのを作ることになったんですね。表示連絡会には、消費者団体の代表も、主婦連だけじゃなくて、複数の団体が入って、この場で、規約はどういう内容が良いかということを検討して、

果実飲料の公正競争規約ができたわけです。

　表示連絡会で果実飲料の公正競争規約を決める際，主婦連と消費者団体は果汁が入っていなければ「無果汁」と書くべきだと，それから「ジュース」というときには，「100％果汁」であるものに限ると主張しました。このジュースの定義は，公正競争規約の準備の段階で業界の人も納得していたんですけど，「無果汁」を書けというところにきたら反対が起きたわけですね。ファンタオレンジとかファンタグレープを販売している，いわゆる外資系の大手の飲料メーカーが大反対をしたんですね。

　公正取引委員会はどうしたかというと，果汁がゼロのものについては「無果汁」と書けとしたけれど，規約の「ただし書き」の部分で例外を認めたんです。どういう「ただし書き」かというと，規約を読んでいただければわかりますけれど，「合成香料使用，もしくは合成着色料使用でも可」というふうに入れたんですね。私が，もし事業者だったら，「無果汁」もしくはただし書きとして「合成香料使用」「合成着色料使用」でもよろしいといわれたら，「無果汁」の表現を使わないで，こっちを使う。

　そういう形で規約が決まったんです。公正取引委員会という消費者の味方であるべき役所まで，業界の言い分を通して，消費者の言い分を聞いてくれないのかということで，私たちは怒ったわけですね。朝日新聞の「声」欄という投書欄，今でもありますよね。その「声」欄に高田ユリさんが，ジュースの公正競争規約の顚末について投稿したんです。主婦連がジュースの不当表示の苦情を受けて商品テストをしたこと，ジュースの表示について消費者へのアンケートをとったらこういう答えが出たということなどを載せたんです。

（或る弁護士との出会い）

　その日の朝，ある男性から電話がかかってきました。私はその頃，主婦連の事務局長をしてまして，電話に出ましたら，「今日の朝日新聞の投書欄を拝見しました。私は穂積と申しますけれども，あなたたちのおっしゃるとおりだと思う。こんなことを認める公正競争規約はおかしいですね。何かお手伝いをすることがあったらどうぞおっしゃってください」というお電話だったんです。私もどこのどなたか存じませんので，「大変失礼ですけれど，どなた様ですか」と

聞きましたら,「長島・大野法律事務所の穂積忠夫と申します,弁護士です。お役に立つことがあったらどうぞご遠慮なくおっしゃってください。私もアメリカに住んでおりまして,アメリカの消費者運動をよく知っております」と,そういうお電話だったんですね。「ありがとうございます」と,その日はそれで終わったんです。

(訴えの資格)
　私たちは,果実飲料の公正競争規約は業者寄りで消費者の意見を通していないということで,けしからんと抗議したけれども,どうしていいかわからないわけですよね。そこで,景表法をずっと読んでいきますと,第12条のところに公正競争規約という条文があるんですね。その中にいろいろなことが書いてあって,その一番あとの第6項のところに,この公正競争規約に不服のある人は申し立てることができると書いてあるんですね。ああよかった,これを使おうということになって,公正取引委員会に不服申立をしたんです。それは法律に書いてあるからやったんです。
　公正取引委員会を相手にして,裁判を起こすわけです。独禁法関係だと,公正取引委員会で第一審の審理が行われます。最初は「無果汁」のことを言っていたんです。そうしたら,3回目ぐらいになったら,急に公正取引委員会が「あなたたちには訴えの資格がない」と言い出したんです。「なぜですか?」と言ったら,「この不服申立の規定は,消費者には資格がないんです」という。「この規約に不服のある者は三十日以内に公正取引委員会に審決取消の不服申立てをすることができる」と書いてある。消費者に「不服申立の資格なし」と,どこにも書いていないんです。ところが公正取引委員会の審決は,消費者には訴えの資格なしで終わったわけですね。
　そこで今度は高裁に訴えたんです。ただ「無果汁」表示の問題ではなくて,もうそのときは,消費者に不服申立の資格があるやなしやで,東京高裁に訴えたんです。その結果,また訴えの資格なしで敗訴になって,さらに,最高裁に上告したんですね。結果的に最高裁でも消費者には訴えの資格はなしということで,その判決が今でも生きているんですね。そこで「ジュース訴訟――消費者の権利裁判」と主婦連では言っています。

(訴訟を支援してくれた方々)

　先ほども申し上げたように，景表法の条文には消費者には訴えの資格はないとは書いてないんですよね。穂積弁護士はそれを見て，こんなことを公正取引委員会がいうのは違法だ，最後まで闘いなさいと言ってくださいました。そこで改めて穂積先生にお願いに行ったわけです。

　獨協大学の宮川淑先生という消費者法をやっていらっしゃる先生は，私にこうおっしゃったんです。「清水さん，消費者が裁判をやるのは何も弁護士を立てなくてもやれるんだ。本人訴訟でやれるんだから」と言ってくださった。でも，そのころは，今のようにワープロもないし，「手で書くんですか，タイプでやるんですか，どんな文章を書くんですか，そんな難しい手続はわからないんですけど」と申し上げました。宮川先生は，「それも運動の一つだから，本人訴訟でやってみなさい」とおっしゃったんですけれども，だれもそれをやる勇気がなくて，穂積先生の所へ行ったんです。周りの人は，「長島・大野法律事務所は，日本でも1，2を争う有名な弁護士事務所で，外国との裁判もやるような所だから，莫大な弁護士費用を請求されたらどうするのか」と心配していました。会員の中からも，「裁判になってお金はだれが払うのか」ということも言われた。でも結局「やろう」ということになりました。

　穂積先生は，「僕はお礼はいただきません」と何度もおっしゃってくださったんですけど，ある日，高田ユリさんと私と2人で一番電車に乗って，長島・大野法律事務所の玄関の前で穂積先生がいらっしゃるのを待っていたわけですね。そして「先生，本当にお言葉に甘えるようですけど，私ども先生にお支払いするお礼のお金もないんです」と言ったんですね。そうしたら「心配ないからどうぞお任せください」と言ってくださったんです。会員でもないし，縁もゆかりもない方のお電話にすがっただけなんですね。「ジュース訴訟」は，こうして最高裁まで争ってまいりました。弁護士報酬の敗訴者負担制度に反対したのも，ジュース訴訟の経験があったからです。

　今，皆様にも言いたいんですけれど，私たちがやろうと思った，正しいことをやり抜けば，必ずだれかが助けてくれるという確信を私は持っているんです。

　それからもう一つ，最高裁に対して，主婦連の言うことが通らない日本の法曹界なんて恥ずかしいといって意見書を出してあげると，ある有名な大学の先

生がお電話をくださったんです。その先生から行政法，民法，独禁法，憲法，消費者保護法などいろいろな学者の先生が40人も「意見書」を最高裁判所に出してくださったんです。公正競争規約の不服申立に，消費者も訴えの資格は当然あるんだという内容です。

（飼い犬に手をかまれる）

　もう一つ言っておかなければいけないことがあります。公正取引委員会は，主婦連は訴えの資格なしと門前払いを食わせた6日後に，景表法4条3項を使って「無果汁」表示を業界に命令したんです。だから今は，果汁が入っていなければ「無果汁」と書いてあるんです。主婦連が訴えたときには聞いてくれなくて，6日後にやるなんていうのはと，私たちは怒りました。主婦連は公正取引委員会の味方だと思っていたらとんでもない，飼い犬に手をかまれたようなものだと，公正取引委員会のある方に言われました。

（ジュース訴訟以降）

　この訴訟以降にできたいろいろな消費者関連の法律では，不服の申立ての規定の頭に「何人も」というのが載るようになったんです。条例でも，東京都の消費者条例のように，「何人も行政のやることに不服がある者は申し出ることができる」と，「何人も」という頭がつくようになったんです。家庭用品品質表示法もそうだと思います。JAS法（農林物資の規格化及び品質表示の適正化に関する法律）もそうだと思いますが，景表法はまだそのまま生きているんです。
　このようなことで，「ジュース訴訟」は，穂積忠夫さんという弁護士に助けられたこともあるし，それから40人のそうそうたる学者さんが最高裁に意見書を出してくださった。裁判には負けたけれども「無果汁表示」という実はとっているわけです，あとは訴えの資格。訴えの資格については，これから先生方のご研究の中でもやっていただきたいと思うんですけれど，他にも同じように消費者不在の法律が残っているということを申し上げたいと思います。刀は抜いてみなければ，錆びているか名刀かわからない。法律も，使ってみなければ消費者のために役立つかそうでないかわからない，これが教訓です。

（2）ヤミカルテル灯油裁判
灯油元売り12社と石油連盟のヤミカルテルに損害賠償を求める集団訴訟；
1974年（昭和49）年

（灯油ヤミカルテル事件）
　覚えていらっしゃると思いますけど，70年代の前半に中東から原油が入って来ないといって，日本中大騒ぎになりましたよね。一番最初は，大阪の千里ニュータウンで大勢の住民が行列してトイレットペーパーを買う様子がテレビに出た。私もそれを見たんですね。それでびっくりして，ああトイレットペーパーがなくなったら，昔と違って水洗だから大変なことになるからと思って，行列に加わりました。そのうちに粉石けんが，お砂糖が，粉ミルクがなくなったといって，みんな行列を始めたわけです。それから灯油がなくなっちゃった。寒いところだと，米より大事な灯油というキャッチフレーズがあるように，灯油がなくなったらどうしようといって大騒ぎになった「物不足・狂乱物価」，あの事件ですね。

　あの事件については，公正取引委員会が元売り12社と石油連盟，あわせて13社のヤミカルテルを摘発しました。石油元売り13社は，中東から原油が来ないとうそをついて，手持ちもたくさんあるのに，蛇口のバルブをとめてしまって，市場に灯油がなくなるような状況をつくり出し，カルテルにより価格を吊り上げたわけですね。

　北海道の大学生協の人が集会でした発言を今でも覚えています。「灯油がないから寒くて，一日布団をかぶって寝てた，学校を休んだ。それから一升瓶1本の灯油をみんなで分け合ったんです」というようなこと。「粉ミルクも買いだめできない人のために，みんなで分け合って，子どもに飲ませたんです」というような深刻な事件が起きましたね。公正取引委員会が，今の灯油元売り12社と石油連盟に対してカルテルを破棄しなさいという審決を出したわけですね。それに対して企業側は不服だということで裁判をやったわけですけど，最終的には企業側が負けて，ヤミカルテルがあったということを認めたわけですね。

(損害賠償請求)

　そこでなんです。私たちは，石油メーカーがカルテルを結ばなければ安く灯油が買えたはずじゃないか，カルテルを破棄しても値上げ分は返してくれない，ということで，灯油元売り12社と石油連盟に損害賠償請求の訴訟を起こしました。訴訟を起こしたのは，消団連に加盟していた生協と主婦連合会です。独占禁止法25条に，事業者の不当な取引制限等で損害を受けたら賠償請求をすることができるという規定があるんですね。この規定を使って，主婦連と川崎市民生協の原告は，灯油元売り12社と石油連盟に損害賠償請求訴訟を起こしました。それから山形県鶴岡生協の原告は民法第709条に基づく損害賠償請求訴訟をやったんです。

　この訴訟では，損害額の算定が不備だとの理由から，主婦連と生協は負けたんです。一昨年の暮れと去年の秋に「灯油裁判30周年シンポジウム」というのを鶴岡と東京でやったんですね。なぜ裁判を起こしたかということと，裁判の結果，独禁法がどう改正されたか，どういう問題が残っているかとか，あのときの苦労談はこうだったのだというようなことを鶴岡と東京の集会で話し合ったんですね。

(敗訴した理由)

　損害賠償請求は負けたんです。損害額の算定はカルテルを結ぶ前と，公正取引委員会に言われてカルテルを破棄した，この間の灯油の値段の差額を損害額としたんですね。証拠は，自分たちの持っていた領収書。原告は主婦連13名，かながわ生協85名，計98名。請求額は75,081円。鶴岡の場合は，原告1,654名，請求額は966,594円です。カルテルという違法行為によって高い値段で物を買わされて，泣き寝入りすることはない。しかも独禁法第25条とか，民法第709条で，損害を受けたら賠償請求することができるという規定があるんだから闘おうということでやったんですけれど。

　公正取引委員会の判断は，カルテル前と後の小売価格の差額を損害額とするのは正しくない。この間に物価上昇も企業の人件費や経常費の上昇もいろいろ影響しているので，それも算定してこなければだめだ，カルテル前と後の小売価格というようなどんぶり勘定で損害額を払うわけにはいかないといって，算

定方法が認められず負けてしまったんですね。

 全く理不尽な,消費者不在のやり方です。このことが一つのきっかけとなって,その後,独禁法が改正されました。カルテルを破棄した時の,企業が国に納める課徴金をうんと高くしたんです。課徴金が安ければ,違反をしても払えば得ということになって,カルテルはなくならない。アメリカなどに比べれば,まだまだ安いけれど。

 それからもう一つ,鶴岡生協の裁判では,二審の仙台高裁秋田支部は,算定額は被告,原告の意見や証拠書類を参考にして,裁判所が金額を示せば良いと勝訴判決を出したんです。

 先日,消費者法に詳しい先生が,「清水さん,ヤミカルテル灯油裁判もやっと消費者の言い分が通りましたね」と言うから,「どうして」と言ったら,民事訴訟法248条で,損害の算定額は裁判所が決めればいいというふうになったんだそうです。すぐその時に勝った,負けたは出てこないかもしれないけど,大事なことをしているんです。

 消団連では,「許すまじ,石油ヤミカルテル」というリーフレットを作ってみんなに配ったんです。表紙にはマル印が書いてあって,小鳥のイラストが描かれています。横にはアウトと書いてあるんですね。これは小鳥(ことり)イコール公取(こうとり),公正取引委員会に注意せよという意味だというんです。N灯油元売り企業の支店長会議で配られた取扱注意の内部文書の中にこの絵があったんです。公取と書けないから,小鳥の絵をかいて支店長会議の資料として配布したんですね。私たちは,むずかしい独禁法を勉強しながら,カルテルを許すまじということで闘ったわけですね。

(訴訟費用貸付制度の活用)

 灯油裁判でもう一つ申し上げたいのは,裁判にはお金がかかるんですね。東京都消費生活条例では,裁判の費用を貸し付けるという1項目があるんですね。主婦連はそれを使って,3回,東京都の消費者条例で裁判の費用の一部を借りたんです。それから生協や主婦連は,全国からカンパを募って,裁判費用を広く集めました。勉強会をやったり集会をもったり,いろいろやりました。

 条例で費用を貸していただいたのも大変助かりました。東京都も,消費者を

応援してやろうという気持ちが全くなければ貸してくれないだろう，貸してくれるということは，東京都もこの裁判を味方をしてくれているんじゃないかと思って借りました。

当時，私は，東京都の消費生活条例制定の委員だったんですけど，この貸出しの規定の部分の審議が一番最後まで残って，深夜まで都議会が延長になったことを覚えています。どこが引っかかったかというと，「こんなお上に楯突くやつに税金を貸すのはけしからん」ということを主張する議員がおられました。結局「あげるのではなくて貸付だ，あとで返してもらうんです。税金では損をしないんです」ということを確認した上で採択されました。私たちが借りた裁判費用は，返済債務の免除の規定が適用されたので，返さなかった[*]。これはとても助かりました。お金だけの問題じゃなくて，東京都も応援してくれたという喜びもありました。消費者のためになった，歴史に残る裁判だと思うんですね。

（3）消費者のための製造物責任法制定を求める連絡会結成；
1991（平成3）年　法成立後は「PLオンブズ会議」と改名し，現在も活動中

次に，PL法制定運動。今年でPL法（製造物責任法）ができて12年目ですね。今，「PLオンブズ会議」という会名で運動は続いています。法制定後も毎月1回は集まっています。それからPL法が公布された7月1日を記念して，必ず報告集会をやっているんですね。今年は，6月30日に，「安全情報は誰のもの？～リコール制度の強化と安全情報の有効活用～」というテーマでやりました。これは，危険情報とか被害情報を，企業の中や事業者の中にとめておかないで，全国民共有のものにすべきだということでやったわけですね。

PL法（製造物責任法）制定を求める全国連絡会は，消費生活センターとか企業で相談を受けている人たちがメンバーに加わったんですね。苦情の処理も，それからそれを企業に伝えたときに，法律のどこに不備があるからこういう苦情が起きるかということも，詳しいわけですね。その人たちと一緒になって

---

[*] 東京都消費生活条例37条，返済債務の免除。

PL法の制定運動が大きな影響力を発揮しました。

　このPL法の制定のときに,「うちの家族は大丈夫って,本当かな」という本を作ったんですね。4コマ漫画で,6万部ぐらい作ったと思うんですけど,1部200円で売ったんです。なぜ漫画を作ったかというと,高校野球のPL学園と思う人がいたり,PL法は,消費者になかなか理解されない。まず,わかってもらうことから始めようと,わかりやすい内容にしました。

　たとえば,テレビから火が出て家が燃えたとか,冷蔵庫から火が出たとか,商品に欠陥があったときに,それまでの法律ですと,そのメーカーのテレビのどこに欠陥があったから発火したのかということ,つまりテレビを作る過程での過失をこちらが証明しなければ損害賠償は請求できなかったんです。PL法という画期的な法律ができ,民法の特例で,テレビが通常有すべき安全性を欠いていたという証明だけで,損害賠償を取引関係のないメーカーに請求できるということになったわけですね。現在,PL訴訟はそれほど多くはないですけれど,製品の欠陥によって生じた消費者被害救済を裁判で争いやすくなりました。

2．消費者重視の社会をめざし活動する消費者団体

　次に,「消費者重視の社会をめざし活動する消費者団体」として,時間の制約があるので4つほど紹介したいと思います。消費者団体は,これ以外にも全国各地にたくさんあるわけですから,誤解をしないでいただきたいと思います。

(1) 主婦連結成；1948（昭和23）年

（不良マッチ追放主婦大会）

　まず最初に主婦連合会。消費者運動の歴史の中に真っ先に出てきますけど「不良マッチ追放主婦大会」。昔マッチは配給だったんです。いくらお金があっても決まった個数しか配給がなかったんですね。配給切符とそのマッチと,区役所など決められた場所へ行って取りかえてもらうんですね。その券がなければ,マッチを買いたくても買えない。そういう時代に,主婦連をつくっ

たのは奥むめおさん。奥むめおさんは，女性が初めて被選挙権を獲得したときに立候補したんです。戦前，婦人の地位向上をめざして運動していた市川房枝とか，久布白落実とか，山川菊栄とか，そうそうたる女性たちがこぞって立候補したわけですね。先生の書いたものを読んでいると，「私がこんなに主婦連のことを長くやろうとはそのときは思わなかった。政治家になって社会のために働こうと思って政治家になってみたら，主婦連が生まれ，ずっとこれにかかわることになった」ということを書いておられます。奥先生が議員になったときに，マッチが10本あっても1本火がつけばいいところだと。こんな粗悪品をお上が配給するのはけしからんということで，不良マッチ追放主婦大会というのをやろうということになったんです。

　私は東京女子師範を卒業し学校へ勤めていたんですけど，終戦になりました。教育現場にどうしてもついていけなくて退職しました。それで日本社会事業大学へ通っていたら，奥先生から「私の手伝いをしなさい」と言われて，主婦連の仕事をすることになりました。マッチ大会の前日，9月2日の風のビュービュー吹く中を，不良マッチを優良のマッチと取りかえさせるから，不良マッチを持って集まってくださいと，小さなライトバンに乗って町中を回りました。物価安定推進本部にトラック2台分の優良マッチを調達させていました。部屋中いっぱいになるぐらい人が集まったんです。これが主婦連の母体なんです。

　奥先生が，役所とマッチのメーカーを呼んで，着物姿で司会をして，「あなたたちはこんなものを売っていいんですか，答えなさい」と檄を飛ばしたんです。メーカーは，「申しわけございません，申しわけございません」と言っていました。

　集会が終わったら，「私，世田谷区の者なんですけど，世田谷でもこれと同じことをやりませんか。世田谷の人がいたらここに来てください」と声が上がりました。また，こちらの方で「私は品川ですけど，品川でもやりましょうよ。品川の人がいたら来てください」と。これが戦後初めて消費者が立ち上がったきっかけです。この日の模様はラジオや新聞に大きく報道され，主婦連に参加する人が全国的に広がっていきました。

(消費者代表の審議会参加)

　主婦連は、それからいろいろな運動をやりました。今でも大事だったと思うのは、審議会への消費者参加の問題です。当時、衣服についている絵表示、素材が何で、だれがつくって、洗濯の仕方はどうだとかついていますね。こういう繊維の表示を決めるのに、消費者代表は1人もいなかったんです。それからお米の値段も、物価統制令に基づいて政府が決めていたんですが、政府の米価審議会に消費者、すなわち食べる側の代表は1人もいなかったんです。当時はどの審議会・委員会にも、使う人、買う人の代表は1人もいなかったんです。奥むめおさんが、「これはおかしい。一番たくさん入らなければいけない委員は使う人じゃないか。審議会には必ず消費者代表を入れろ」とおっしゃって、その結果、奥むめおさんが、消費者代表委員の第1号として米価審議会委員になったんです。当時、表示、あるいは、銭湯の入浴料金なども審議会があって決めていたんですけど、そこに必ず消費者委員を入れろという運動につながるわけです。

　今は、審議会に消費者代表委員が入るのは当たり前になっています。主婦連は老舗、老舗と威張って、審議会の委員を独り占めすると非難されたことがあるんです。それに対して、奥先生は、「そんなことない、今まではいなかったのを入れろ入れろと言ってやっと入るようになったんだから、1人で足りなかったらもう1人入れろと主張すればよいのでは。主婦連が入っているからけしからんというのは筋違いだ」とコメントされました。

(消費者の怒りを！)

　企業の不祥事が相次いでおります。消費者の権利を確立するために、消費者として主張し、行使していきましょう。自立した消費者として、社会の先頭に立ちましょう。

(2) 日本生活協同組合連合会結成；1951 (昭和26) 年

　次に「日本生活協同組合連合会」。昭和26年に、日本生活協同組合連合会という名称で結成されました。戦前も協同組合はあったんですが、新たな組織として生まれ変わったんです。この生活協同組合連合会は消費者団体としては2番

目に古いですね。主婦連合会の初代会長奥むめおさんは，戦前は購買組合と言っていましたけど，生協の副会長なんです。もともとの出身が生協の人なんです。「一人は万人のために，万人は一人のために」，「困っている人はみんなで手をつないで助け合って社会をよくしましょう。困る一人があってはいけない。みんなは一人の困る人のために戦いましょう，仲間になりましょう。」という賀川豊彦さんの精神に賛同して，購買組合の副会長もやった人ですから，主婦連と生協とは兄弟みたいなところなんですね。

（3）全国地域婦人団体連絡協議会結成；1952（昭和27）年

　3番目に「全国地域婦人団体連絡協議会」が昭和27年に結成されております。戦前からあった地域婦人会が新しく生まれ変わった組織で，全国各地で活躍しておられます。先ほど，この会場に来る前に長野県庁の前を通ったら，「長野県婦人会館」があって，そこに「長野県連合婦人会」という看板がありました。

（4）全国消費者団体連絡会結成；1956（昭和31）年

（第一回全国消費者宣言）

　それから4番目が「全国消費者団体連絡会」（全国消団連），結成が31年で，昭和32年2月26日の第1回全国消費者大会で「消費者宣言」（資料1，p.188）を採択しました。これは非常に格調が高いんです。宣言の下から6行目ぐらいから読んでみてください。「私たち消費者大衆こそ経済繁栄の母であり，商業者繁栄の支柱であります。すべての物の価格と品質は消費者の意思を尊重して決定されなければなりません。私たち消費者大衆こそ主権者であることを高らかに宣言します。この権利をまもり流通過程の明朗化と合理化のために，全消費者の力を結集してたたかうことを誓います。」。このときに消費者の権利という言葉が使われました。消費者は権利のある主体者だということが言われているんですね。

（消団連の発足）

　消団連ができた当初は11の団体で構成されていました。その中に，主婦連合

会のような女性団体ももちろん入っているんですけど,生活協同組合,それから労働組合も入っているんです。主婦連の中には割合保守的な人も結構いまして,労働組合と一緒にする運動は間違っているということを,30年代,40年代には盛んに言われました。この宣言文は奥さんが起草したと言われていますが,考え方は消費者の立場を明確にしていて,新鮮だと思っています。「労働者は,安い月給で働かされる。もらってくるわずかな金で粗悪品を買わされる。消費者は労働者として搾取され,消費者として搾取される」ということを消費者宣言は言ったんですね。

　消団連ができて,労働組合が加わったことによって,個別具体的な問題だけじゃなくて,社会の構造の中で消費者問題が起こるんだという考え方がきちんとしたんです。私が大変尊敬する野村かつ子さんというアメリカの消費者問題に詳しい方がおられるんですけれども,「消費者被害は社会の構造的問題の中で起きるんだということをつかまえないと,いつまでたってもハエたたきでゴキブリをたたくように,出てくる問題を一つずつ追っかけているだけでは社会はよくならないんだよ」ということを言っておられます。

(消費者運動と社会の構造)

　ここで,全国消団連の50周年で作った年表(資料4,p.190)を使って,戦後の消費者問題と関連して制定された法律の推移を概観しておきましょう。これも大変苦労してまとめてくださったんですけど,右側の消費者問題の推移を見ていけば,構造的に起こる消費者被害というのは多いんですね。だから消費者問題を単に何が高いの,安いのとか,こっちがいいか,こっちが悪いかと,そういう商品・サービスを選ぶだけの運動じゃなくて,深く物を見ていくような運動が必要だということがわかると思うんですね。

　たとえばカネミ油症事件というのがありますけれど,このカネミ油症事件が起きた昭和43年に,「消費者保護基本法」ができるんですね。カネミ油症事件というのはもう知っておられると思うけど,米ぬかから製造した食用油を食べた人が,体中に発疹が出た。それで調べてみたら,健康のためによいと思って食べた食用油の中にPCBという有毒物質が入っていた。そのために人体被害が起きた。今でもまだ裁判が続いていますけれども。このカネミ油症事件だっ

て，その油をどこで買ったの，だれが売ったのというだけじゃなくて，なぜこういうことがまかり通っちゃったのか，なぜこういうことを企業やその企業を監督する行政がとめなかったのかとか，そういう大きな問題があるわけですね。だから被害者を救済すればいいというだけじゃなくて，そういう問題があるということを考えなくてはいけない。

　消費者問題は，特に今日は若い方もおられますけれども，決しておばさんがあっちがいい店，こっちが悪い店，あれが良い，これが悪い，あっちが高い，こっちが安いとか，そういう視野の狭い運動ではないということですね。消費者運動をつまらないと思わないで，楽しい，そして社会的に価値のある運動と思っていただけたらうれしいんですね。

（運動の広がり）

　消団連の話に戻りますが，第1回の全国消団連の宣言というのは，そういう意味で非常に格調が高いと思うんですね。労働組合と一緒にやれるということは，彼らは力があるし組織力もあるし，今はちょっと変わりましたけれど。生活問題を真正面から取り上げていた。たとえば1980年の初めにアメリカから，13品目の合成添加物を，「アメリカは許可しているのに日本は許可していない，早く認めろ，ふた月以内に認めろ」と言われたときに，消費者団体と一緒になって日本では「これ以上合成添加物は許可しないという国会決議が4回も行われている。認めるわけにはいかない」と国会で力になってくれた。

　たとえば年に1回開催している全国消費者大会でスローガンを決めるんですね。当時，「政府自民党は」と書くんですよ。持ち帰って，このスローガンでいいかと主婦連の役員会にかけると，必ず誰かが，私は自民党支持者だからこれはおかしいと言われる。「自民党」の三文字がなくても，通じるんだったらとってくれないかというようなことを主張してきました。1人でも多くの消費者が参加できる配慮が，運動を前進させるためには，とても大切なことだと思います。

　賀川豊彦さんの「一人は万人のために，万人は一人のために」という，そういう1人でも苦労する人を見捨ててはいけない，みんなで助けようという精神が協同組合の精神であり，全国消団連をつくった精神だと奥先生は言っておら

れたんです。私は先生がご健在のときに、この考え方を何回も聞かされているから、この視点こそ消費者運動だと思っているんです。主婦連も創立から60年近くなりますけれど、主婦会館を自前で運営して、企業からも国からもお金をもらわないで自分たちでやっていけるということは、そういう信頼感が会員の中にもあるし、外部の人にもあるからだろうと思うんです。

(最近の主婦連)

主婦連合会に、ご年配の女性から電話があって「私、主婦連の会員になりたいんですけど、なれますか」とおっしゃるから、なぜですかと伺ったら、「私はもう年をとりましたので、所帯を嫁に譲ったから主婦ではない、主婦連合会は主婦じゃなければ参加できませんか」と言われました。「いやそんなことはないですよ、独身の方もいますよ」と言ったんですね。しばらくして、今度は若い女性の声で、「主婦連に入りたいけれど、学生は主婦じゃないからだめですね」と言うから、「そんなことないですよ」と言ったんですね。主婦連合会という名称が今でもそういうふうに誤解されています。

そこで主婦連合会は、5年前に規約を改正して男性でも会員になれるということになって、今は男性会員がいるんです。シンパみたいな人もいて、もっと僕を使ってくれなんていって押しかけてくる男性会員もいるくらいです。規約を改正したから名前も変えて、主婦連合会を「夫」としたらどうか、「しゅふ」というひらがなにしようかといろいろ検討はしているんですけど、まだ昔ながらの名前を使っています。特に若い人々は、消費者運動は割烹着、しゃもじのおばさんだけの運動じゃないということだけは、消費者運動の歴史からお酌み取りいただければと思います。

(消費者専門家の団体)

実はこの中に消費生活アドバイザーの資格を持っている人、それから消費生活コンサルタントの資格を持っている人、消費生活専門相談員の資格を持っている人もおありになると思うんです。たとえば「日本消費生活アドバイザー・コンサルタント協会」(NACS)は、経済産業省の外郭団体ですが、20年ぐらい前にできた団体で、私はNACSができたときから評議員をさせていただいて

います。国の試験により与えられる「消費生活アドバイザー」という資格を持った人たちで良い運動をしている。それから相談員協会というのは，国民生活センターの相談員の養成講座を受けた人が，資格を持って消費者センターなどで活躍しておられます。これらの団体も消費者団体として登録をしておられる。

（国際的な運動の広がり）

国際的な消費者運動のネットワークの始まりは，米国のウォーン博士の呼びかけで，米国やヨーロッパの国々の商品テストを行っている組織が集まって，消費者に情報提供したことなんですね。これが1960年（昭和35年）に発足したIOCU（国際消費者機構）です。昭和36年には，わが国でも商品テストにより消費者に情報提供を行う組織として「日本消費者協会」が発足しました。

商品テストをしている消費者グループが集まった国際連絡会であったIOCUは，やがてテストの関係者だけじゃなくて，消費者団体やNPOなども入るようになって，今は，CI（コンシューマーズ・インターナショナル）という大きな組織になりました。CIは，WHO，ISOなど国際機関に消費者代表を派遣しています。

日本では，現在，全国消団連が消費者団体を代表してCIの正式会員になっています。

（消費者運動の今昔～おしゃもじと街頭運動）

1956年に結成された全国消団連は，2006年9月，50周年を祝ったんです。その記念誌を見ると，主婦連の関係では，一番最初は奥むめおさんが消費者宣言を発表したときの会場風景。奥むめおさんは着物に羽織り，髷を結って壇上に立っています。その次は，国鉄運賃が5回の連続値上げで，私たちはもう電車に乗れませんといって，街頭で値上げ反対署名運動を，「しゃもじ」を立ててやったときの風景が写っているんですね。

10年前に，消団連は規約を改正して，アドバイザー・コンサルタント協会とか，相談員協会とか，消費者協会とか，消費者問題専門家集団や，個人も会員に入れるように幅を広げたんです。それから個人会員も認めることにしたんですね。

最近10年の運動が同じ記念誌に出ているんですけれども，これを見ると，室内での会議の写真が多いですね。

主婦連のシンボルマークが「おしゃもじ」なんですけれど，一番大きいのは私の背より大きいんです。それを持って街頭へ出ました。私でも歩けないんです，重くて。主婦会館の守衛の男の人が持って，デモに行くことになっていて，守衛さんは，「しゃもじ」の大きいのを持って街頭を歩かされる，それが第一の仕事なんですね。

今の主婦連の会員さんでも，「しゃもじ」を持って街頭デモをした経験がある人は60代後半。それより若い人はやったことがないと思うんです。

3．消費者運動のいま，そして，これから

（1）メディアに描かれた消費者運動・団体

全国消団連50周年を記念して，上智大学文学部新聞学科音好宏研究室に委託して調査報告書をまとめてもらいました。76年から今までの間を10年ずつに区切って，朝日，読売，日経，この3紙の朝刊に消費者問題がどれだけ扱われたかというのを分析なさっているんです。

これを読みますと，最近は，一般の消費者知識，暮らしの知識としては扱われていますが，運動については，ほとんど新聞記事になっていない。それから既存の組織ではなくて，NPOなどの活動が多く載っていると指摘しておられます。これ事実だと思うんですね。生協とか消団連とか主婦連とかと，そういうところに入らなくても，NPOで活躍している人がいっぱいいるわけですね。地方自治体のごみ処理場の談合が浮上しています。調べているのは，「市民オンブズマン」という消費者団体の名簿には出てこない団体。21世紀の消費者団体，消費者運動を考えたとき，重要な指摘ではないでしょうか。

（2）「消費者保護基本法」から「消費者基本法」へ

「消費者保護基本法」は2004年に「消費者基本法」になったんですね。管轄は内閣府国民生活局です。以前は，経済企画庁国民生活局だったんですが，内閣府になって何かまとまりが悪くなったんじゃないかと思っていましたら，経

企庁で国民生活局長を長くなさった及川さんが,「消費と生活」に書いておられたのを読むと,一つの省であったものが内閣府という調整機関の中に位置づけられたことは,消費者基本法がもっともっと機能するようになったという評価なんですね。そうかもしれない,それなら内閣府はもっと調整機能を果たしてくれれば良いのにと思うんですね。

それから消費者保護基本法,保護がついているとだめだという人がいるんですけど,私は少し異なる意見をもっています。主婦連ができたのが1948年,基本法ができたのが1968年,だから主婦連は消費者保護基本法のない20年を闘っていたわけです。消費者センターもない,苦情の窓口もない,講座もない,消費者行政専轄部局もない。

その中で,主婦連は,昭和25年から苦情相談をやったり,商品テストをやったり,それから全国の会長さんの玄関に,「主婦連苦情相談窓口」という木の看板を立てたのも確か25年ごろだったと思います。この看板は,300カ所ぐらい立てたと思うんですね。私たちはセンターもない,苦情窓口もない,資料も何も来ない,勉強する場所も機会もない,その中で20年間消費者運動をやってきた。工夫しながら運動の実をあげなければ,法律は動きません。その成果があったから消費者保護基本法ができたわけです。

そのときに奥むめおさんと,生協の会長の中林貞男さんが審議会の委員だったんですね。消費者は保護される客体じゃないんだからこのような名前の法律は認められないと,最後まで反対されています。

あれは数少ない議員立法なんです。日本では,ほとんどは政府提案の法律ですけど,消費者保護基本法,消費者基本法も,どちらも議員立法なんです。議員が自民党も含めてつくろうと全議員の意見がまとまってできるのが議員立法の法律です。「保護」の二文字が入らなきゃ自民党は通さないと言われて「保護」が入ったんです。社会党の戸叶里子委員長が,「保護」が入っても実質的にセンターが全国にできて,どんな町や村でも苦情相談を受け付けてくれて,専門の職員がいるんだったら「保護」の二文字があってもいいじゃないかと言って,それで消費者保護基本法を通したんです。

消費者保護基本法ができて36年ぶりに消費者の権利を明記した基本法になって,内閣府に移って,総合調整として消費者行政をやれるということなのです。

私はこの法律に「保護」の二文字が入っている、入っていないということよりも、権利をいかに行使する消費者がいるか、育っていくかということだと思うんです。いくら「保護」が入っていたって、灯油裁判をやったり、ジュース訴訟をやる、そういう消費者団体がいるのと、似たような消費者問題が起こっていても、消費者団体が立ち上がらないのでは、権利だけ謳われたって無意味だと思います。
　消費者の権利というのは参政権とは違うんです。参政権は憲法で保障された権利なんです。だから必ず投票用紙が送られてくるわけですね。あなたも投票できますよと言ってくれるけれど、消費者の権利というのは参政権とは違うのです。権利を主張し行使しなければ、画に描いた餅なのです。

(3) 多様化，国際化する消費者問題

　2000年に京都で開催されたISO（国際標準化機構）COPOLCO（消費者政策委員会）国際会議には、アジアの国の人を日本の消費者団体が招待しました。
　国際会議の前に消費者だけで「コポルコ　in　京都」を開催しました。私は、そのときの委員長だったんですけど、アジア地域から5人の消費者代表を呼びました。アジアからは、予算もないし、国も出してくれないから国際会議になかなか参加できない。そういう人たちが京都に来られて、とてもよかったと喜んでくれました。それ以降はコポルコ委員会の前には、消費者団体主催の国際会議を開いているということです。

(ユニバーサルデザイン)

　日本の消費者運動は、国際的に見て遅れているのかというと、決してそんなことはないんですね。たとえば「ユニバーサルデザイン」です。熊本は知事が潮谷義子さんという女性なんですけど、彼女は日本社会事業大学を出て、熊本県で社会福祉の仕事をずっとやっていました。前知事が潮谷さんを副知事に抜擢したんですが、その知事が急死されて、潮谷さんが知事になったんですね。彼女は福祉の仕事を長いことやっていたから、予算をつけるときには、ユニバーサルデザインが冠についていない「まちづくり」、「ものづくり」の予算は認めないということを、知事選の際の選挙公約になさったんですね。それが受け入

れられて，彼女は日本でも先進的なユニバーサルデザインのまちづくりの県をめざすことになったんです。

今はユニバーサルデザイン，国際会議も開かれています。つい先月も，京都で第2回国際会議が開催されました。そのときに京都の消団連が，自分たちでユニバーサルデザインを検証する，そういうタイトルで消費者大会をやったんです。どういうことをやっていたかというと，会員が手分けして街を歩いてみて，障害者にとって歩きやすいか，危なくないかということを検証したんです。京都市はユニバーサルデザインの条例をつくっているんですね。その条例どおりに，街がなっているか検証して，報告したんです。それから同志社大学の学生さんも，子どもを対象にしたユニバーサルデザインの研究報告をしたり，コクヨとか雪印とか，いろいろな会社がユニバーサルデザインの現物を展示したりしたんですね。京都の消団連は，今年は消費者大会をユニバーサルデザインをテーマに開催し，国際会議にも合流しました。

私がユニバーサルデザインに関わったきっかけは，日経の早川克己さんが座長を務めた通産省のユニバーサルデザイン懇談会です。この懇談会では，福祉関係の人も，車椅子の人も来ていたりして，日本でユニバーサルデザインに関連してどういう商品が開発されていて，もっと障害者にとってはこういうのがいいんじゃないかというようなことを議論しました。それをきっかけに，消費者，健常者が使いやすいか，使いにくいか，それだけで物事を言ってきたけれども，いや，考えてみたら高齢者もいるじゃないか，よく目が見えない人もいるし，それから耳の遠い人もいるじゃないか，障害者も消費者じゃないかということで，新しい消費者運動のテーマにしたいと思い，ユニバーサルデザインと取り組んでいます。

たとえば，シャンプーとリンスの容器は，リンスの方に粒々がついていますでしょう。あれは今どこのメーカーもやっているんですけど，一番最初に粒々をつけたのは，花王だったんですね。それは「シャンプーもリンスも同じ形で，お風呂場にあるけれど，めがねをはずしちゃうとわからない，老眼鏡がないから見えない，それで私はシャンプーの方に輪ゴムをつけている。輪ゴムのあるのがシャンプーで，ない方がリンスだと，こういうふうに自分で区別をしている」という苦情がメーカーに寄せられて，それでは誰もがわかるように粒々を

つけようといって，粒々をつけたんですね。

　エレベーターの扉に車椅子マークがついているのがありますね。そして，エレベーターの奥に鏡がついている。はじめ，何でこんな立派な鏡をこんなところにつけるのかなと思ったんです。見ていると，そこで洋服を直したり，なかにはコンパクトを広げてお化粧を直したりしている人までいるんです。そういう時代なのかなと思っていたんです。そうしたら障害者の人がこうおっしゃったんです。「あれは車椅子で入るときに，鏡を見ると自分の後ろに人がいる，戸が開いているというのがわかる。降りようと思うときに出口かどうかということを，あの鏡で見るんだ。あの鏡は私たちにとってはすごく大事な鏡なんだ」とおっしゃったんです。

　目の見えない方の点字ブロックがありますよね。上に自転車を置いたり，荷物を置いたりする人があります。障害者には自転車があったり，荷物やごみがあると通れないわけですよね。そういうようなことも，私たちが気をつけなければいけないことなんですね。ぜひそういう視点も消費者教育の中に入れてもらいたい。

　便座がありますね。ボタン操作でお湯が出たり，水が出たりする。主婦連の役員さんのお宅へ伺ったとき，便座の横にかごが置いてあるんですよね。開けてみたら下着が入っていたんです。「何ですか」と聞いたら，「メーカーによって押すボタンの位置と表示が違う。自分の家のつもりで押すと水が出て，お客様が下着を濡らされることが何回かあって，そこでかごを置いて，どなたでも下着を自由にお使いくださいというメモを置いている。」とおっしゃったんですね。JIS 規格で統一してほしいとメーカーに申し上げました。

（4）運動の広がりとネットワーク化

　PL 法をつくったときには，相談員の人とか，法律の専門家はもちろん，税理士，司法書士，それから技術者，そういう人も入ってくれて運動をやったものですから，PL 法制定運動は広がったんです。一部の組織に限定しないで，いろいろな人が広くかかわれば，消費者の声が大きくまとまるし，暮らしを変えることができます。以上が，私の60年の消費者運動の中から学んだ結論です。

4．当面するテーマ

○消費生活用製品安全法改正

「当面するテーマ」の一番は，消費生活用製品安全法の改正。今国会には提出されているんですけど，消費生活用製品安全法を改正して，メーカーと輸入業者は，危険な情報を，消費者から，もしくは事業者から知ったら，10日以内には必ず経済産業省に届けなければいけないという法律，届けなければ罰が加わる。おそらく今国会で通ると思いますけれど，今，経済産業省も内閣府もこの法律を通すので走り回っておられます。

今回の改正では，本年11月いっぱいパブリックコメントをとるんですね。そろそろインターネットで出てくると思いますけれど。たとえば10日がいいのか悪いのかとか，それから罰則がどうだとか，それから中小企業をどうするとかという問題が出てくるわけですね。

主婦連定例会で，私の隣の役員さんが，パブコメって何ですかと隣の人に聞いているんですよ。パブリックコメントということで，政府が何か政策を決めようとするときには，法律で広く国民の意見を聞かなければいけないということが決まっているんです。消費者にとって不利な意見ばかり出てくればそういうふうに通るし，消費者にとって有利な意見がたくさん載れば検討材料になると説明しました。パブリックコメントと正確に表現しなければいけなかったと反省しました。

○消費者団体訴訟制度

次が消費者団体訴訟制度。これはジュース訴訟と灯油裁判の経験が元になっているんですけど。一定の要件を満たしていると国が判断した適格団体が，一般の消費者に代わって裁判を起こせるということを団体訴権と言います。主婦会館の6階に「消費者機構日本」という，団体訴権の適格団体めざし立ち上がった団体の事務所があります。トップはプロ野球コミッショナー・前公正取引委員会委員長の根來泰周さんです。来年6月に法が施行されます。適格団体に消費者にかわって裁判を起こす権利を認める範囲は，今の段階はジュース訴訟と

か灯油裁判のような景表法や損害賠償請求は含まれません。消費者契約法の一部改正で，差し止め請求のみです。

景表法の方は公正取引委員会の方で，景表法の中に団体訴権を入れられるんじゃないか，今研究が始まっているんですね。司法制度改革審議会の答申では，個別法で処理ということになって，第１号が契約法。できれば景表法です。特定商取引法も視野に入れているそうです。

○東京都消費生活条例改正

三番目に，東京都消費生活条例改正。今，その改正が検討されていまして，高齢者をだましたりする悪徳業者に対する罰則規定をつくることが議論されています。今の条例ですと，業者を注意する，一定の期間が過ぎると名前を公表する，そこまでしかできないんですけど。罰則を入れる方向で検討されているんですね。条例制定の当時と違って，商品に関する苦情に比べて，今は契約関係の苦情が過半数でしょう。消費者被害の実態に合わせて，だんだん改正しなければならなくなってくると思います。

○食品の遺伝子組換え，放射線照射など

大豆は９割ぐらい輸入しているわけでしょう。納豆をつくったり豆腐をつくったり，お味噌をつくったりする９割方は，輸入大豆です。お店に行くと，遺伝子組換えと書いてあるものはきわめて少ない。なぜかなと思うんですよね。JAS法とか食品衛生法では，処理する段階でDNAが変われば，遺伝子組換え大豆であっても表示しなくて良いということになっている。また，５％未満の場合にも表示しなくても良いということなんですね。表示がないから，入っていないということではなくて，法律の壁と解釈で入っていないとされている。

国民生活センターも食用油をテストしましたね。遺伝子組換え大豆，菜種が使われているかいないかというテストをしたら，18銘柄中16銘柄は使われていなくて，使われているものも法律に違反するような使われ方はしていないという結論が出ていたようですね。

現在，議論になっているのは放射線照射です。放射線照射は，日本ではもう

随分昔，ジャガイモの発芽防止，ジャガイモが春先になると芽が出るじゃないですか，あの発芽防止で北海道の士幌の農協だけが照射することを認められたんですね。現在は，世界各国放射線照射が行われています。日本にも放射線照射を認めろという働きかけは，以前からあるんですね。今，議論されているのは，香辛料に放射線照射をしてもいいじゃないかということが，国の食品安全委員会レベルでは決まっているそうです。しかし，消費者団体は反対を表明しています。

○消費者被害救済制度

消費者被害の救済については，お回しした『消費のちえ』の巻末にもあるように，外国には「クラスアクション」とか，「オンブズマン」，「スモール・クレームズ・コート」という制度もあるんですよ。これらの制度については，30年前に主婦連の全国会議のテーマになっているんです。私は昨年秋，昭和50年5月に発行されたこの『消費のちえ』を自費で何百冊か増刷したんです。なぜそんなことをしたかと言いますと，うしろの方を読んでいただければわかるけど，当時，主婦連の地方の会長さんたちが，立派な運動を実践しているんですよね。それを知ってもらいたくて増刷しようと思ったんです。学問的な立場で発言する人はいくらでもいるけれど，地域の会長さんが，ああいうことをやっているんだと，そうしたらこういう成果を収めたんだということを伝えたかったんです。

○司会（信州大学・樋口一清）
　清水先生，貴重なお話，本当にありがとうございました。
　実は清水先生をお招きしたのは，ちょうど1年前に，先生から先ほどの『消費のちえ』を送っていただいたことがきっかけです。それを拝見して，今日においても全く新鮮さを失っていないと痛感しました。私自身，この『消費のちえ』が発行された昭和50年5月には一つ思い出があります。当時，私は役所に入ったばかりで，中小企業庁で末席事務官として法律の企画立案などを担当していたのですが，法学部出身の先

輩から「これからは君，法律の分野ではクラスアクションが重要だぞ，よく勉強するように」と言われた覚えがあります。だが，現実には，その後，クラスアクションの議論は行政立法の分野では全く進んでいない。私自身も，消費者関連の法整備の責任者として行政サイドから立法と取り組んだことがあったのですが，クラスアクションを具体化することはできませんでした。今回の消費者契約法の改正を見ても，残念なことに，まだ部分的にしか議論が熟してきていない状況です。

やはりこういう消費者のための法制度の整備というのは，行政の現場や大学の研究室だけでなく，消費者運動の中から生まれてくる面が非常に強いと思うんですね。皆さんの声がなければ，こういう制度は実現できないと思います。去年の冬の雪の日に『消費のちえ』を読んでおりまして，ぜひ，清水先生に直接お話を伺おうと思い立ち，おそるおそる長野まで来ていただけますかということでお願いをしましたところ，快くご講演をお引き受けいただき，この講座を実現することができました。

そういうことで，私どもとしては後輩としては非常に恥ずかしい状況なのですが，消費者運動でこれまで提起されてきた問題は，これは決して過去のものではなく，今日，われわれが解決しなければならない課題として，われわれの前に厳然としてあるわけでして，立場はいろいろありますが，それを乗り越えて，運動を盛り立てていかなければいけないというふうに私自身も考えております。

具体的には，長野県の消費者運動は，今，消費者条例の制定という大きな課題に直面しております。長野県は，消費者条例が47県中，ただ1県，未制定のままとなっています。今回，ようやく消費者条例を制定しようという動きが具体化していますが，最後なら最後なりに，本日，清水先生から伺った消費者の力，消費者運動の力で，われわれも一歩進んだ，意義のある条例を作れたらと決意を新たにしております。

清水先生，今後ともご指導の程よろしくお願い申し上げます。

　（拍　手）

(資料1) 消費者宣言（第1回全国消費者大会）

「資本主義は両刃の剣である。労働者として搾取され，消費者として搾取される」と私たちの先覚者は叫びました。

労働者の搾取を排除する闘いは前進しましたが，消費者を搾取するからくりは，なお巧妙を極めて，私たち大衆の生活を脅かしています。

大衆への奉仕を考えない独占資本は権力と手を結び，一部業者を利用してカルテル化をはかり，消費者大衆の良い品物を適正な値段で欲しいという要望をふみにじって逆に高い値段で粗悪なものを私たちに押しつけようとしています。

ものの買手としての消費者，特に主婦の社会的責任は非常に大きいのです。もっと声を大きくして消費者の立場を主張しましょう。そして私たちの暮らしよい社会をつくろうではありませんか。

私たち消費者大衆こそ経済繁栄の母であり，商業者繁栄の支柱であります。

すべての物の価格と品質は消費者の意思を尊重して決定されなければなりません。

私たち消費者大衆こそ主権者であることを高らかに宣言します。

この権利をまもり流通過程の明朗化と合理化のために，全消費者の力を結集してたたかうことを誓います。

　　　昭和32年2月26日　　　全国消費者大会

(資料2) 消費者宣言（第20回全国消費者大会）

四半世紀前，私たちは「消費者大衆こそ主権者であり，独占の横暴を抑え，経済の民主化」を求めることを高らかに宣言しました。

それ以来，国民生活の犠牲のうえにたった高度成長政策，金権汚職のひろがりのなかで，いのちとくらしを守り社会的不正を正し民主主義の確立をめざすねばり強い消費者運動は共感と連帯を呼び起こし，次第に社会的な発言力と対抗力を築くに至りました。

今日，行政改革という名のもとに福祉切り捨てと防衛費増大の強行など政治経済は大きく変動し続けており，見せかけの豊かさは人々のくらしと心をゆがめています。また，国際的な緊張と経済危機の高まりのなかで，中性子爆弾開発など新しい核兵器が製造されたり，多国籍企業の市場支配が拡がっていることは，特に重大な事態といわなければなりません。

また近代化学技術の急速な進歩による成果と利益は，人類が理性にもとづき等し

く享受すべきであるにもかかわらず，現状は情報や技術が独占されており，公平な社会進歩の原則に背いています。

その結果，人間の生存権をはじめとしてあらゆる生物と自然環境が過酷に侵蝕されているといえましょう。

食糧やエネルギーの確保と公正な分配は，私たちのくらしのあり方や国際的な視野から見なおしをしなければなりません。

人間の尊厳を犯す管理社会に対しては，すべての消費者がこれらの是正をせまっていく権利を有します。

私たち消費者は，地球そのものをも滅亡させる核兵器を廃絶させ，平和の脅威を絶ち切り，生命，自由，幸福を最も尊重する社会を願い，世界の人々が助け合い連帯をすすめる輝やかしい21世紀をめざして，団結と行動の輪をひろげていくことをここに宣言します。

　　　1981年11月13日　　第20回全国消費者大会

(資料3) IOCU (国際消費者機構)の「消費者の権利と責任」

国際消費者機構 (IOCU, 現CI) は，消費者の8つの権利と5つの責任を提唱している。

○消費者の8つの権利
　①生活の基本的ニーズが保障される権利
　②安全である権利（ケネディ大統領の特別教書「消費者の4つの権利」）
　③知らされる権利（ケネディ大統領の特別教書「消費者の4つの権利」）
　④選択をする権利（ケネディ大統領の特別教書「消費者の4つの権利」）
　⑤意見を反映される権利（ケネディ大統領の特別教書「消費者の4つの権利」）
　⑥補償を受ける権利
　⑦消費者教育を受ける権利（フォード大統領が追加した権利）
　⑧健全な環境の中で働き生活する権利

○消費者の5つの責任
　①批判的意識；商品やサービスの用途，価格，質に対し，敏感で問題意識をもつ消費者になるという責任
　②自己主張と行動；自己主張し，公正な取引が実現されるように行動する責任
　③社会的関心；自らの消費行動が他者に与える影響，とりわけ弱者に及ぼす影響を自覚する責任

④環境への自覚；自らの消費行動が環境に及ぼす影響を理解する責任
⑤連帯；消費者の利益を擁護し，促進するため，消費者として団結し，連帯する責任

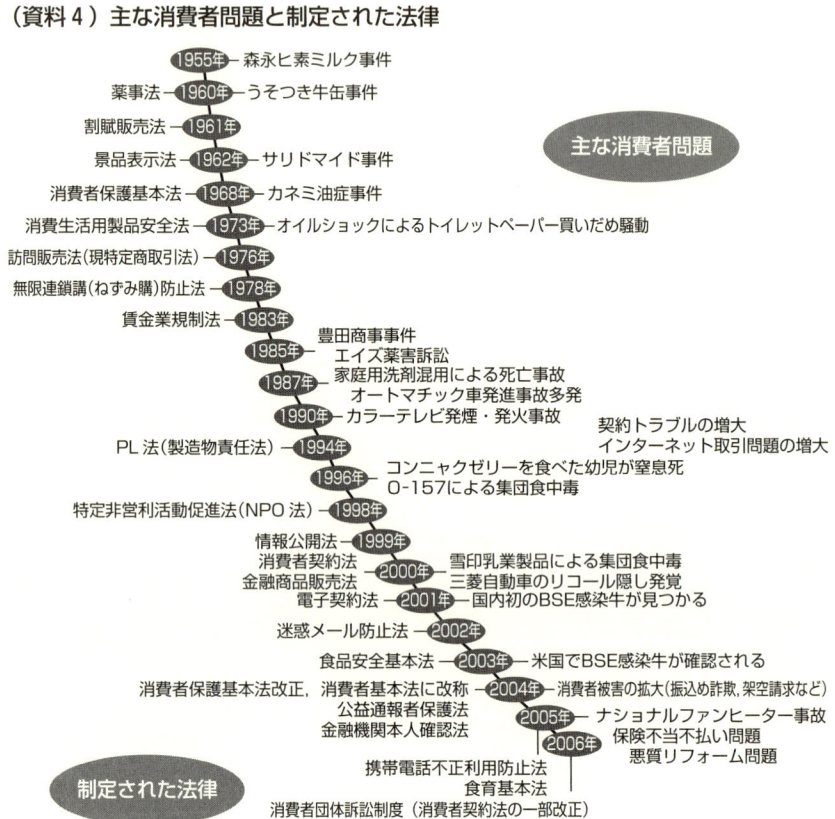

（全国消費者団体連絡会50周年記念誌）

(資料4) 主な消費者問題と制定された法律

年	制定された法律	主な消費者問題
1955年		森永ヒ素ミルク事件
1960年	薬事法	うそつき牛缶事件
1961年	割賦販売法	
1962年	景品表示法	サリドマイド事件
1968年	消費者保護基本法	カネミ油症事件
1973年	消費生活用製品安全法	オイルショックによるトイレットペーパー買いだめ騒動
1976年	訪問販売法(現特定商取引法)	
1978年	無限連鎖(ねずみ購)防止法	
1983年	賃金業規制法	
1985年		豊田商事事件　エイズ薬害訴訟
1987年		家庭用洗剤混用による死亡事故　オートマチック車発進事故多発
1990年		カラーテレビ発煙・発火事故
1994年	PL法(製造物責任法)	
1996年		コンニャクゼリーを食べた幼児が窒息死　O-157による集団食中毒
1998年	特定非営利活動促進法(NPO法)	
1999年	情報公開法	
2000年	消費者契約法　金融商品販売法	雪印乳業製品による集団食中毒　三菱自動車のリコール隠し発覚
2001年	電子契約法	国内初のBSE感染牛が見つかる
2002年	迷惑メール防止法	
2003年	食品安全基本法	米国でBSE感染牛が確認される
2004年	消費者保護基本法改正，消費者基本法に改称　公益通報者保護法　金融機関本人確認法	消費者被害の拡大(振込め詐欺，架空請求など)
2005年		ナショナルファンヒーター事故
2006年	携帯電話不正利用防止法　食育基本法　消費者団体訴訟制度(消費者契約法の一部改正)　金融商品取引法	保険不当支払い問題　悪質リフォーム問題

契約トラブルの増大
インターネット取引問題の増大

（全国消費者団体連絡会50周年記念誌）

紙 上 再 録

「消費のちえ」7号
—第18回 消費者ゼミナールの記録—

(主婦連合会；1975（昭和50）年5月刊)

(備考）原文はタテ書きだが，編集の都合上ヨコ書きとし，原文の写真，注記は割愛した。文章中の年表示はすべて昭和を指す。

また，漢字，かな表記等は原文に則り再録したが，一部誤植については訂正した。

消費者の権利回復のために，被害救済制度を確立させよう

年一回，これからの消費者運動の方向をさぐり，全国で一せいにとりくむ活動テーマを研究，討議する，主婦連の消費者ゼミナールも回を重ねて18回を迎えました。

ことしは"消費者被害の救済制度の確立"をテーマに，50年1月23日主婦会館ホールで開催，全国各地からの会員代表約200人が参加，熱心な話し合いが行われました。

最近，消費者の権利を確保し，損害を取りもどすための住民運動や訴訟活動が活発になっています。ゼミナールではまずこの実例を持ちより，どのように消費者一人一人の意識をたかめ我々の運動の中にこれを定着させるか討議しました。

また，今村成和北大教授・岩田幸基経企庁国民生活局長，穂積忠夫，宮本康昭両弁護士の助言も得て，国や自治体の中で，訴訟がたやすく出来る制度をつくらせるなど，次のような決議及び運動目標を採択しました。

一，消費者の権利を自覚し，泣き寝入りはやめよう。
一，消費者被害を予防し，救済する制度を作らせよう。
一，消費者の訴える資格を確立し訴訟がたやすくできる道づくりをしよう。
一，独禁法，景表法改正に，消費者の告発権，不服申立権を認めさせよう。
一，集団訴訟を勇敢にすすめよう。
一，消費者参加の消費者条例づくりを急がせよう。
一，云わせるだけの公聴会反対。

泣き寝入りはやめ　損害は賠償させよう

はじめに

　消費者運動はこの一年間質的に大きく進歩したと云われています。とくに目立つのは運動を通して，一人一人の権利意識が強くなったことです。その証拠に消費者サイドからの訴訟が多くなってきました。

　どれもみな「もう泣き寝入りはしない」という意志のもとに，権利の獲得と被害の救済を求めているものです。

　消費者の権利と利益を守るためには，もっと法律を活用すべきであると云うことに気がついたのです。今後の消費者運動を有利に導くためにも訴訟活動は欠かせない手段だと期待されています。

　とは云うものの，これまでの日本では「訴訟」とか，「裁判所」とか云うと，ほとんどの人が縁の遠い厄介なもの，弁護士費用がかかる，長くかかる，と云った見方，考え方がされていました。またそう思われても仕方がないような制度でもありました。

　私たちは法律や裁判などを，もっと身近なものにするために，古い因襲的な訴訟感を改めると共に訴訟がたやすくできるような道づくりに努力したいと思うのです。

　ゼミナールではまず，実際に訴訟を起こしている人たちに「何故訴訟にふみ切ったか」それぞれ訴訟の意義を語ってもらいました。報告して下さったのは，①プロパンガス爆発事故の印南さん，②東京電力の料金値上げ取り消しを求めている総評生活局の玉城さん，③預金の目減り訴訟でゼンセン同盟の高木さん，④灯油訴訟の弁護士である宮本さん，⑤主婦連の消費者の権利裁判の弁護士である穂積さんなどです。

　みなさんの発言を聞き，意外に身近なところから訴訟にふみ切っていることを知りました。またこうした問題は当事者だけの問題ではなく，わたくしたちだれにでも共通した権利の要求であることも知りました。

　参加者の方からもいろいろな被害をうけた報告があり，「消費者はもっと法律に目ざめ訴訟を身近なものにしていかなくてはいけない」という発言が続きました。また，消費者の訴訟に対する社会的な評価を高めさせるためにも，現在行われている各種の訴訟に対して，みんなで支援して盛りたてていこうという力強い意見も聞かれました。

　さらに，メーカーが「欠陥品を出したら莫大な賠償金を取られる」という反省をし，安全対策に万全を期すようにさせるためにも消費者の訴訟は欠かせないものだという声もありました。

　同時に，消費者がこうして訴訟の意義に目ざめれば目ざめるほど，現在の訴訟制度では，いかに消費者が訴訟を起こしにくいかがわかってきました。消費者が気軽に訴

訟を起こせる制度に改めさせていかなくてはなりません。幸い，国でも消費者が訴訟を起こしやすくするには，どのような制度をつくったらよいかについて国民生活審議会で検討しているところです。

そのため，経済企画庁の岩田国民生活局長にその点の話を聞きました。間もなく審議会の答申が出され，それにもとづいて具体的な制度化をはかっていくとのことでした。

しかしお役所まかせでは完全な救済制度が出来るかどうか疑問です。やはり消費者の力を結集して一日も早く完全な制度をつくるように運動していかなくてはなりません。

さらに，地域にとって重要なことは，地方自治体にも強く働きかけて「消費者条例」をつくらせることです。消費者の権利を条例によって護らせるとともに，この条例の中に，消費者が訴訟を起こす場合の資金援助制度を盛り込ませることです。すでに兵庫県や神奈川県などで発足しています。これをすべての自治体でつくらせたいという強い願望が出されました。そのためにはやはり地方自治体の行政にまかせっぱなしではなく，消費者も条例づくりに直接参加して，消費者本位の制度にしていかなくてはいけないという声も上がりました。

I 消費者訴訟の報告から

討論に入る前にまず，実際に訴訟を起こしている人たちから生の声を聞こうということで，三人からその意気ごみのほどをうかがいました。

プロパンガス爆発訴訟　印南房吉さん

「48年の7月12日，プロパンガスのガス漏れで爆発が起こり，家の半分がふっとんでしまいました。原因は元栓からレンジまでのゴムホースに2ミリほどのひびができ，そこからもれたガスに冷蔵庫のサーモスタットが作用して引火したのです。約1000万円の損害でした。ところが取りつけ業者はゴムホースについては消費者の責任だと言うのです。はじめは私もそんなものかなと思っていたのですが，あとで調べてみたらとんでもないことが分かったのです。完全に業者の責任のがれだったのです。

プロパンガスの場合，取りつけ業者が定期的に安全点検するように法律で決められているのです。屋外設備を1ヵ月に1回，全器具の点検を1年に1回，さらに全てについて安全かどうかのテストを2年に1回，実施しなければいけないのです。業者はこうした点検をやってなかったのです。自分の怠慢，というより法律違反をタナに上げて消費者の責任にしようとしていたのです。腹が立ちました。さらに調べてみますと，現在日本では1年間に3700件以上もプロパンガス爆発が起こっていますが，そのうちの80％もが消費者のせいにされてしまっています。業者が安全点検する義務

があることを知らないばかりに多くの人が泣き寝入りしているのです。

こんなバカなことはありません。業者が安全点検の手をぬき，行政も監視を怠っているため多くの消費者が貴い人命をおとし，莫大な財産を失っているのです。これは放っておけない，多くの人に知らせなければいけない，全ての業者に法律できめられているように安全点検させるようにしなければいけない……と，そう思って損害賠償を求める訴訟にふみ切ったのです。幸い中央労災が全面的に支援して下さいますので，とても勇気づけられています。

アメリカの場合はゴムホースなど使わずに金属管を使いガッチリとユニットさせていますが，これは，もし爆発事故を起こしたら全て業者の責任として大変な賠償をとられるため，自衛上そうした万全な安全管理をやっているんですね。日本の場合も早くそうしなければいけない。業者に猛反省させなくてはいけないと思い，最善の方法として訴訟にふみ切ったのです。」

電気料金値上げ取消し訴訟　総評・生活局・玉城美和さん

「東京電力では昨年6月から大幅な料金値上げを実施しましたが，これはわれわれからみて，まったく不当なもので納得できないため，その取り消しを求めて訴訟を起こしました。われわれが不当であるとしている理由は次の4点です。

(1)　まず値上げ料金の中に政治献金の分も含まれているという点です。東電だけでも1億円以上の献金をしていますが，特定の党や派ばつだけに献金する分をわれわれの電力料金の中に含めるということは納得できません。したがってわれわれが承認しないものを勝手に計上した今回の値上げは不当なものです。

(2)　値上げ理由の中に，原料である石油が大幅に高騰したためとあるが，この石油高騰も石油業界総ぐるみのカルテルによる不当な値上げであることが判明しています。したがって，不法行為による石油高騰を理由にした電気料金の値上げも，妥当性を欠くものです。

(3)　電気事業法の第19条には何人にも平等な料金で電気を供給しなくてはならないとあるが，実際には消費者向けと産業用向けとでは1対1.51倍の差がある。こんな格差がある以上，平等とはいえない。法律に反している以上，今回の値上げは無効です。

(4)　値上げ決定が一方的で，民意が反映されていないという事実をつかんでいます。なるほど公聴会が開かれ消費者代表も意見を述べているが，まったく形式的にすぎず，料金決定にほとんど反映させていない。公聴会の報告は料金決定後に当局にとどいたという事実をつかんでいるのです。料金値上げの手続上問題のある値上げは当然不当です。

以上のような理由により，通産大臣には料金値上げの取り消しを，東電には支払い

義務がないと表明させることを求めて訴訟を起こしたのです。消費者が納得できない方法で一方的に料金決定されているしくみにがまんが出来なかったのです。」

郵便貯金目減り補償訴訟　ゼンセン同盟・高木　肇さん

「インフレのさ中，企業は大儲けをし銀行も莫大な所得をあげているというのに，庶民の金はどんどん目減りしているんですね。すさまじい物価上昇で預金の金利がくわれてしまうのです。政府にもたびたびなんとかするように求めてきましたが，とった対策というのがクジ付き預金だけです。これでは何の解決にもなりません。

われわれは一般の人からも意見を聞きましたが，OLの人は結婚資金用の預金が減ってしまって心配だとか，老人のせっかくためた老後のたくわえが減ってしまって不安でならないといった声ばかりなのです。一方で大儲けをし，一方で庶民の金が減ってしまう。これは大変な社会的罪です。その根本はインフレであり，それをひき起こしたのが政府の失政です。

これでいいのか！という気持から起こしたのがわれわれの預金目減り訴訟です。

28人の原告団のうち11人までが一般市民です。これはもう庶民共通の怒りですね。この訴訟の目的は第一には目減りした分を賠償しろという要求ですが，第二にはインフレをひきおこした政府の責任を追及し，同時にみんなでもっと政治をみつめてほしいということを訴えたいためなのです。

幸い，この訴訟は各方面の共感を呼び，今では消費者団体や学者などのあたたかいご支援もいただき，また自治体の議会でも支援すべしという宣言を採択してくれるところが増えています。庶民としてみんなの訴訟にしたいと思っています。」

怒りを行動で表わそう

以上熱っぽい報告が続きましたが，共通しているのは行政や企業の不合理に対して決して泣き寝入りせず怒りを，"行動"で表わしているということであり勇気を持ってふみ切っているということです。さらに，こうした問題は決して特定の人だけの問題ではなく，消費者全員，庶民みんなの共通した権利と利益の問題だということです。代表して裁判で闘っているということです。

ゼミナールではひきつづき，同じく"灯油訴訟"と"消費者の権利裁判"という消費者サイドからの二つの訴訟を担当しているお二人の弁護士が，独自の立場からそれぞれの訴訟の意義を報告してくださいました。

ヤミカルテル灯油訴訟　宮本康昭弁護士

「公取委がたびたび勧告したにもかかわらず，石油業界はヤミカルテルを結び不当な利益をあげていた。しかもこれが導火線となってパニックをひき起こした罪は大きい。公取委も死んでいた独禁法96条をはじめて適用して告発したが，消費者として

うけた損害を取りかえさなければならない。泣き寝入りは絶対せず権利を主張しなければならない。こうして立上がったのが一連の灯油訴訟です。

　法律的にみて、主婦連と川崎生協が東京高裁に起こしたのは独禁法第25条にもとづく損害賠償訴訟であり、鶴岡生協の場合は民法第709条の不法行為による損害賠償訴訟です。訴訟のねらいはカルテルの損害分を取りもどすわけですが、独禁法の場合は問題ないとして、民法でもそれが可能かどうかが大きな試金石になるわけです。カルテルによる損害は石油業界だけでなく多方面にわたりますから…。

　それと、実際的には民法の方が有利な面があるのです。一つは、独禁法だと公取委の審決の確定後、つまり公取委の判決を業者が認めないと、消費者が訴訟できないしくみになっていますが、民法ならいつでも出来ます。もう一つ重要なことは、独禁法だと必ず東京高裁に提訴しなくてはならないのですが、民法ならどこの地裁でもいいのです。だれでもどこでも訴えられるわけです。そのため、相手を自分の土俵に呼びつけて裁判が出来るという有利さがあるわけです。鶴岡の場合も公判のたびに石油業界の人間が山形まで出向かなくてはならないのです。だからこそ、第一次、第二次合わせて鶴岡だけで1600人を越す大原告団になったのです。

　この訴訟のねらいはむろん基本的には損害分を取りかえすことですが、同時に、これによって石油業界の責任を追及し、二度と悪いことをしないように猛反省させるものでありさらに、他の大企業のカルテルに対しても消費者サイドからの網をかけようというものなのです。」

主婦連の消費者の権利裁判　穂積忠夫弁護士

　「景表法にもとづいて公取委がとった措置に、消費者が不服申し立てが出来るかどうかが争点になっている裁判ですが、これを認めようとしない公取委や東京高裁の判決はおかしい。消費者保護をうたっている景表法の措置に消費者自身が不服がいえない、参加ができないという考え方はまったくおかしい。こうした考え方は景表法に限らない。元来消費者を守る法律がかえって逆に害をもたらす結果になるという傾向がある。公共料金の値上げのあり方でも、薬の認可のあり方もそうだ。権利裁判はこうした消費者の根本的な問題を含んだものなのです。消費者一人一人の権利が社会的に認められるかどうかの重大な問題なのです。」

身近な消費者訴訟

　この二つの訴訟の意義も、大企業のカルテルに対する消費者サイドからのくさびを打ちこもうという点といい、行政の措置に対して本当に消費者の意志も反映させていくための権利獲得を目指す点といい、やはり全ての消費者に共通した根本的な要求であるといえましょう。要は、こうした裁判を特定団体だけのものとして孤立させては

ならないということでしょう。消費者共通の問題としてとらえ、お互いに出来るだけ支援し、励まし合っていく必要があるといえましょう。

と同時に、消費者一人一人がこのような訴訟をもっと身近なものとうけとめ、同じように権利を侵害されたり、損害をうけたりしているものがあれば自分たちでも「訴訟を起こそう」というような頭の切りかえも必要でしょう。最近は無償で力を借してくれる弁護士も増えてきましたので、むずかしい手続きは専門家に手伝ってもらい、とにかく被害をうけたら泣き寝入りせずまたあいまいな解決にも終らせず、訴訟にうったえて完全な救済を求めていくのだという気迫と自覚が必要だと思います。

それにはなんといっても、一般消費者が長い間いだいてきた、訴訟とか裁判所とかいうと逃げ腰になったりする考え方は、これからの消費者主権の時代では遅れた考えなのだということに一日も早く気がつかなくてはならないでしょう。

アメリカでは、デパートの階段で靴が引っかかって怪我をしても訴訟を起こすといいます。それほど市民の権利を守るための訴訟として日常生活の中に定着しているのですが、日本でも一日も早くこうした傾向になりたいものです。

そうでないと、消費者の本当の権利を自分で守っていくことが出来なくなってしまいます……会場全体が自然にこうした雰囲気に包まれ、盛り上がってきました。

Ⅱ 消費者の権利回復をめざして

こんなに侵されている！　消費者の権利と利益

ではいったいどんなところで消費者の権利や利益が侵害されているのでしょう。参加者全員で、自らの生活や身の回りの出来ごとをふりかえってみたのですが、ただちに、「こんなこともある！」「これも許せないことだ」という具体例が出されました。その中からいくつか拾ってみましょう。

ヤミカルテルのおわびに灯油200万円分を寄付させた　旭川市民会議・掛場清さん

「北海道の消費者にとって灯油はお米の次に大切なものですが、その灯油を旭川地方石油販売業協同組合（旭川石商）では、一昨年7月を期して業者間で申し合わせをし、①20リットル500円以下では売らない、②新規の客には売らない、③系列外のところには売らない、などをいっせいに実行してきました。そのため、旭川市の全団体で市民会議を結成し、申し合わせの撤回を求める運動をしました。しかし全然業者は言うことを聞きませんでしたので10月に公取委へ提訴したのです。公取委では私たちの主張や証拠（協定したことを報じている業界紙のコピー）を認めて、11月に旭川石商に対して協定の破棄を勧告しました。石商でもこれを認めて謝罪広告を出しました。

しかし協定で不当に儲けた約1億3千万円については、社会的責任にもとづいて消

費者に還元せよという私たちの主張にもかかわらず無視しつづけていました。けれども12月まで10回の会合を重ねた結果，やっと一部を社会還元することになったのです。18リットルで3200缶分を，恵まれない人たちの施設や保育園，老人施設へ無料で提供することになったのです。

　こうして一応は成果をあげたのですが，しかしこれを金額になおしても200万円にしかなりません。1億3千万円にくらべたらほんの一部です。結局業者が不当に儲けたままになってしまいました。またこうした石商の協定は旭川だけに限ったことではなく，北海道各地，それも上部の組織でもっと大がかりな協定をして大儲けをしたに違いありません。私たちの運動がそこまで網をかぶせ得ず終ってしまったこと，業者がぬくぬくとあまい汁をすったことに対していきどおりを感じます。力が及ばず残念です。」

プロパンガスの違反価格をとりもどす　　岡山市連合婦人会・横山民さん

　「私たちは昨年，1300円というプロパンガスの標準価格が守られているかどうか実態調査をしました。ところが，調査した593件のうち標準価格を上回った価格で売っていた店が63件もありました。予想以上に違反店が多いのでびっくりしました。ところが，ほぼ同じ時期に岡山県でも県下793店についていっせいに調査を実施したのですが，これらは違反店が1軒もなかったと発表しました。私どもの調査とはまったくくい違っていたのですが，おかしな話です。当然地元では大きな問題になりました。

　県では私たちの調査が不備なのだと主張していましたが，それではと違反価格が明記された領収書までつきつけたところ行政側も渋々認め，違反者に通告して違反価格の差額を返すように命じました。役所の調査は電話による問合せだったことも分かりました。

　消費者は王様などとおだてられているうちに，こういう業者の違反行為や行政の怠慢がかくされているのです。今回はたまたま損害分を取りもどせましたが，私たちの身の回りには知らず知らず大きな損害をうけていることが多いのではないでしょうか。いったいだれがこういう損害を補償してくれるのでしょうか。」

天然ガス転換に便乗して器具の押し付け　　府中市・滝野嘉津子さん

　「東京ガスではいま天然ガス（LNG）への切り換え中で，器具の点検や調整を実施していますが，下請業者の中にはこの機会に便乗して新しいガス器具を売りつけているんです。

　私は府中市の晴見団地に住んでいますが，やはり業者が点検に来て古い器具では危険だから新しいものに買い換えなさいと言って回っており，全団地700軒のうち187軒が買い換えているのです。

天然ガスに切り換えたとしても器具の調整さえすれば十分に使えます。もちろん東京ガスが無料で調整することになっているのです。そんなにめんどうなことでもないのに、そのことを十分に知らせもしないで、消費者がガスの爆発事故におびえているのをいいことに、業者がボロ儲けをしているのです。
　こういうことは各地で起こっていると思うのですが、人の弱みにつけこんだこんな不当販売、悪徳商法は絶対に許せません。」

決して他人ごとではない……

　あくなき利益追求をもとめる企業や業者のために、消費者がだまされたり泣かされたりして大きな損害をこうむっているという現状の一端がうかがえました。問題なのはこうした消費者被害が決して一部の特殊例ではなく、あまねく一般的だということでしょう。一人一人がいつこうした損害をこうむるか分からないし、知らぬ間に被害に遭っているかもしれません。報告を聞いていた参加者一同も「決して他人ごとではないのだ」という実感を抱いていました。
　ではいったい、このようなときこれからの消費者はどうすればいいのでしょうか。むろん泣き寝入りはもうごめんです。また従来のように消費者苦情窓口などへ持ちこんで、あいまいなまま終らせてしまうことも釈然としません。いくら企業や業者が頭を下げても、あるいは行政が罰則を課しても、消費者にとっては本当の解決にはなりません。業者は不当な儲け分を全部はき出すわけではないし、ゆうゆうと営業を続けています。これでは不当値上げや悪徳販売をやっただけ得ということになってしまいます。こんなことをいつまでも許しておいて良いものでしょうか。消費者が損害をこうむったなら当然その全額の返済を求める権利があるのです。その権利を放棄していいものでしょうか。結局、企業から損害金を返還させ、二度と同じことをしないように猛反省させ、またほかのあらゆる企業にも同じあやまちをさせないようにするもっとも効果的な方法はその業者を告訴する、それも一人ではなくできるだけ多くの人が一緒になって訴訟を起こすことです。幸い良心的な弁護士たちも手をかしてくれるようになりました。また、自治体でも訴訟費用を援助してくれるところも増えています。肝心の消費者がひっこみ思案になっていてはいけないと思います。

勇気をもって立ち上がろう

　会場からも「とにかく勇気をもってやろうじゃありませんか」という強い呼びかけがあり、大きな拍手が沸き起こりました。また「私はかつて、業者のすすめでみかんの形を良くする薬だといわれ一種の農薬を使いましたが、それで皮膚はカブレは起こす、内臓はおかされるはで、死ぬ一歩手前までになったことがあります。なんでそん

な危険なものを売っているんでしょう。なんでもっと注意するように表示してないのでしょう。大変に腹が立ったのですが，悲しいかな結局泣き寝入りしてしまいました。しかし今ならきっとその業者を告訴したでしょう。当時はこんなに強い味方があることを知らなかったのです」という大分主婦連・金田都也さんの発言が，その時の参加者の気持を代表していたと思います。

　法律は消費者の権利を守る武器であり，強い味方にしなければならないのです。私たち消費者はまずこのことをはっきり認識し，頭を切りかえる必要があると思います。訴訟というものをむずかしく考えるのはやめましょう。裁判所をこわいところなどと思うことをやめましょう。訴訟する人を特殊な目でみるのはやめましょう。そして，わたくしたちの権利が侵害され損害をうけたときは，弁護士や団体を頼って企業や業者を告訴しましょう——全員でこう決意しました。

III　訴訟への近道を作ろう

訴訟がたやすく出来る制度づくりを

　こうした消費者が実際に訴訟にふみ切る場合，日本の訴訟制度は決して消費者に有利になっていませんし，また費用もかかりますが，ゼミナールの後半はこういう現実を改善する運動も同時に進めなくてはならないという問題に移りました。まずそういった基本的な問題提起を穂積弁護士からうかがいました。

　穂積忠夫弁護士　「まず第一に，手続きがめんどうだということです。いろいろな書類を準備したり，何度も裁判所に出向いたり大変です。むろんむずかしいことは弁護士がやるにしても，やはり相当の気持の準備が必要です。また，実際に裁判になっても日数がかかります。このため一般の人が敬遠してしまうのですね。そこでやはり消費者の裁判をぐっと簡易化した制度（スモール・クレームズ・コート）が必要になって来ます。

　次が費用の面です。当然弁護士をやとわなくてはならないわけですが，よほど多額の賠償金をとる場合ならともかく，少額の場合は弁護士費用にもならないわけです。ところがこの場合，一人一人がやるわけではなく多数の同じ被害者が一度に訴訟を起こし，勝訴すれば一人の額は少なくとも全員だと多額になり，弁護士としてもやりがいがあるわけです。そこで必要になってくるのがクラスアクションと呼ばれる代表訴訟制度なのです。多数の被害者のうち代表者が訴訟を起こして勝訴すれば，他の同じ被害者全員にも同額の賠償金が支払われるという制度です。簡易裁判制度とクラスアクション，この二つの制度が欠かせないのです。」

　結局，消費者の訴訟をもっとやりやすくするためには，裁判費用をどうするかとい

うことと，日本の訴訟制度をもっと消費者に有利なものに改善することが急務だということです。むろん，現在の制度が不備だからといって泣き寝入りしていいというものではなく，現在もできるだけ訴訟にふみ切るとしても，それをもっとやりやすくする道はやはり消費者が切り開いていかなければならないと思うのです。

そこでまず，費用の点で注目されるのが神戸市が昨年7月からはじめ，その後兵庫県，神奈川県などでもスタートさせた「消費者訴訟費用の援助制度」です。この制度は「消費者の権利保護条例」に盛り込まれているものですが，消費者が賠償を求めて訴訟を起こす場合，自治体がその費用を貸しつける制度です。もし消費者が裁判に勝てば賠償金の中から自治体に返済するし，もし敗けた場合はいっさい返済しなくても良いというものです。訴訟を起こそうという消費者にはまたとない制度ですね。これを利用すれば，めんどうな現在の訴訟制度でも弁護士をたのんでだれでも訴訟できるわけです。

この制度はさらに，奈良県，埼玉県，青森県，川崎市，姫路市などでもつくられ，東京都でも間もなく議会にかけられることになっています。参加者の中から「そういう制度があるところとないところがあるのは不公平だ。全ての自治体につくらせるべきだ」という声が上がりました。やはり，消費者の訴訟を全国的に広げていくためにも，まだこの制度のない県や市に一日も早くつくるように運動しなくてはならないわけです。全国各地の消費者が，地元の自治体に働きかけていかなければならないと思います。そこで，現在できている消費者条例にはどんな形のものがあるか，経済企画庁の岩田局長の話を聞きました。

三つに分けられる消費者条例

岩田幸基局長　「現在多くの県や市に出来ている消費者条例をみるとだいたい三つに大別できます。一つは"宣言規定"といったもので，消費者の権利保護に対する自治体の考え方を盛りこんだものです。一つは"規制措置"まで含んだもので，欠陥商品や不当表示商品などに対し自治体独自で規制しようというものです。そしてもう一つが，"訴訟費用援助"まで盛り込んだものです。

こうした消費者条例に対し国としてどう考えるかということですが，まず宣言規定については大いにけっこうなことで，文句をさしはさむことは何もありません。しかし商品の規制措置についてはケースバイケースにやる必要があります。国が規制しているもの以外に特定の自治体だけがやるとなると，ナショナル・ブランド（全国規模の商品）の場合は，混乱するおそれがあります。ローカル商品とか販売店に対する規制にとどめるべきだと考えます。次に消費者の訴訟を援助することはけっこうですが，条例の中に裁判における企業の無過失責任まで規定するのは無理だと思いま

す。国の裁判制度にふれることですから望ましいことではありません。」

　消費者からすれば国の法律では不十分な点を自治体の消費者条例で補ってもらいたいと考えるのですが，国としては法律の方が優先するのだから，あまりその範囲を越えてもらっては困るという話なのです。しかし，ほかのことならともかく消費者の利益や安全にかかわることですから，場合によっては条例が優先してもいいのではないかという意見も出されました。これをうけて北海道大学の今村成和教授は次のような意見を述べて下さいました。

法令と条例どちらが優先するか？
　今村成和北大教授　「法令と条例とでは原則的には国の法令の方が上位になります。したがって法令に反する条例は無効になります。日本の場合中央集権色の強い国家ですから，やむをえません。しかし，問題によっては例外が認められます。
　例えば水質汚濁防止法など公害規制に関する場合は地方自治体できびしくやっていいということが今では一般化しています。これは住民の安全を求めるという立場から許されているものですが，消費者保護条例にも適用されてもいいと考えられます。国の法令にはないものを補うというのであればかまわないと思います。」

　行政法の権威者である今村先生が指示して下さった以上，あとはわれわれ消費者がどんどん注文を出して消費者サイドに立った条例をつくらせることです。そしてその中に必ず訴訟援助制度を加えさせることです。ところがこれまでの多くの消費者条例や援助制度をみると必ずしも消費者最優先の立場に立ったものにはなっていないのです。その原因は，ほとんどが行政ベースでつくられ，消費者の意見が取り入れられていないからです。というよりむしろ，消費者が条例づくりに参加する機会がなかったということです。その辺の実際上の話を発言者の中から選んでみますと…。

消費者参加の権利保護条例づくりを
　横浜コンシュマーズ・クラブ代表・忠内真須美さん　「私たちは，西の兵庫，東の神奈川と，消費者行政の先進県であることを誇りに思っていたのですが，神奈川県が昨年からはじめた条例をみてがっかりしてしまいました。条例の中には表示の義務づけも，業者名の公表も入っていないし，神戸のものより後退したものなのです。この条例は県がすべて準備し原案づくりもやったものです。したがって"苦情処理委員会"に任命された委員９人もみな消費者センター職員でしめられ，消費者代表は１人も入っていないのです。訴訟援助制度にしてもかなりの制約がついています。やは

り運動でつめ，内容まで消費者が参加してつくったものでないとダメですね。行政の方ではこれからつくる細則でなんとかカバーするといっていますが，私たちも今後は徹底的に監視し，またこの利益を活用していくように心がけます。」

主婦連・清水鳩子事務局長　「むろん，条例をつくるように働きかけることも，また，その条例づくりに参加することも大切ですが，同時に条例案を審議する議会への運動も欠かせないと思います。私の住んでいる川崎の場合などせっかくできた条例案が，議会で野党である自民党の反対に遭い骨抜きになってしまったという例もあるのです。いくら内容のある案を出しても最後は議会の与野党の勢力によって左右されてしまうのです。ですから議会への働きかけも絶対に欠かせないと思います。

それとこれは東京都の例ですが，条例の内容については消費者代表も入った審議会で答申を出したのですが，その後，行政がどのような形で進行させているのかいっこうに連絡してこないし，こちらが聞いても行政上の機密だといってはっきりさせないのです。こういう点も，もっとオープンにさせたいと思います。」

少なくともこれまでは，ほとんど行政側が一方的に案をつくり私たちに相談なしに条例をつくってきたようですが，今後は絶対にそういうことのないように，消費者の方ですべて参加していく心がけが必要のようです。この点，埼玉県の和光市からは消費者の方が積極的に働きかけているという貴重な報告がありました。また今村先生からも助言がありました。

和光市くらしの会・加藤真代さん　「私たちで神戸市の条例などを集めてきて案をつくり市議会へ提出したのです。はじめは議会でもとんでもない，時期尚早だと反対されましたが，その後議員に対して勉強会を開いたりして啓蒙した結果，とりあえず委員会附託という形で現在も継続審議中です。やはり，消費者の側で議員や行政を巻きこんでいくようにしないとだめですね。」

今村成和・北大教授　「条例案についていえば，条例化するのは議会であり，その施行細則を決めるのが行政ということになります。しかしそれを決める段階で機密だから役所にまかせろというのはおかしい。消費者にも相談すべきだし，また消費者側もオープンにするように運動してもさしつかえないものだ。さらに議会で取り上げさせるには"直接請求"という方法がある。有権者の50分の1以上の署名を集めて持っていけば，議会で必ず取り上げなければならない法律（地方自治法第74条）があります。これを大いに活用すべきでしょう。」

こうしてみると，消費者側がやる気になれば地元で消費者条例をつくらせる可能性は十分にあるといえましょう。肝心なのは消費者側で議会や行政を動かしていくという意識を持つことでしょう。幸いなことにこうした条例をつくる県や市が増えて

いますから，私たちさえ強く求めれば議会や行政側も応えざるを得なくなってきています。「地元住民の権利を守れ！」と強く，そして当然の要求をしましょう。

さらに，その条例の中に訴訟援助制度も取り入れさせましょう。条例が出来ているところも援助制度もつけ加えるようにしましょう。神奈川県や神戸市の消費者だけが救済されるというのでは社会的にも不公平ですから……そして大切なのは，ひとたび出来た訴訟援助制度は100％活用していくということでしょう。

　自治体に対する運動と同時に国に対しては穂積弁護士が問題提起してくださったような，新しい，そして消費者に有利な訴訟制度を早急に確立するように運動していかなくてはなりません。国もこうした訴訟による消費者救済という点にはすでに着目し，現在，経済企画庁の国民生活審議会消費者保護部会で，どのように制度化すべきか検討が進められています。そこでまずその審議会の検討事項や国としての考え方などについて岩田局長のお話を聞きました。

国の姿勢は

岩田幸基国民生活局長　「これまでの日本の行政で，もっとも遅れていたのは消費者被害の救済という面でした。やはり明治以来の生産者中心の歴史の流れが急には変わらなかったためです。しかし今やこの欠点は正していく必要があります。消費者の被害は救済されなければなりません。これも一部の人だけが救済されるというのではなく，全ての人が平等に救済されるのでなければなりません。それには法律にもとづく救済制度を確立しなくてはいけません。このような考え方にもとづいて，2年前から審議会を設けて，そのあり方を検討してもらってきました。この春には最終的な答申をしていただくことになっておりますが，行政としてもその答申にそって早急に制度化を進めていきたいと考えています。問題点は──

　第一には消費者訴訟に"**無過失責任**"の考え方を取り入れるということです。現在の裁判ですと，加害者に故意又は過失がないと損害を賠償する責任はありませんが，これを企業が無過失であっても，与えた損害に対して賠償責任が生じるようにする制度です。

　第二は"**因果関係立証の緩和**"ということです。これまでの裁判だと一つの商品で被害をうけた場合，消費者がほんとうにその商品によって，被害を受けたかどうかを証明しなくてはならないのですが，これを必ずしも消費者側が立証しなくてもいいようにすることです。

　第三は"**責任所在**"の問題ですが，損害を与えた責任の所在がはっきりしているもの以外はすべてその商品のブランドメーカーが全責任を負うようにさせるというこ

とです。
　第四は"裁判の簡易化"で，もっと簡単に裁判ができるような制度です。
　そして**第五が"オンブズマン"**的なものの設置です。これは裁判までいかなくとも行政的にすばやく救済する制度です。どうしてもそれが不可能な場合に訴訟を起こすという，いわば二段がまえでいこうというものです。」

　局長の話を聞いていますと確かに消費者被害の救済という点で大きな前進になると思います。無過失責任の採用といい，簡易裁判制度といい，オンブズマン制度といいこれまでにはみられない消費者優先の制度といえましょう。しかし局長の話の中には重要なものが一つ欠けています。**クラスアクション**がそれです。
　前にも，消費者救済特別研究委員会の委員でもある穂積弁護士も「クラスアクションは多くの消費者を救済するキメ手のひとつになるのではないか」とのべておられましたが，これがあればこそほかの無過失責任や簡易裁判制度が生きてくるのです。多数被害の救済につながるクラスアクションを省いてしまってはせっかくの救済制度も半減してしまいます。
　政府は意識的にクラスアクションを避けようとしている風にもとれます。事実，これが認められるとしたら，企業にとっては大変な脅威になるでしょう。被害者の代表が勝訴すれば届出をしている全ての被害者にも同様の補償をしなければならないのですから。日本の場合，企業に対する罰則が非常にあまくそのため企業も真剣に安全対策に力を入れないと，指摘されていますが，クラスアクションの導入による消費者サイドからの法的な追及があるということが，何よりの圧力になり，企業も今度こそ真剣に消費者対策を心がけるようになるのではないでしょうか。もちろん，クラスアクションを消費者のものとする為の検討はしなければなりません。
　要は，このまま消費者側がだまっていて，行政にだけまかせておいてはだめだということでしょう。型だけは整っていても肝心のところでシンが抜けたものになってしまうおそれがあるからです。国がどんな制度をつくろうとしているのかをよく監視し，クラスアクションも加えた完全な救済制度を確立するように，全力をあげなければいけないと思います。

企業の抵抗をつぶす消費者パワーが必要

　今村先生も「こうした制度が出来るということは企業にとっても大変なことなので，ものすごい抵抗に遭うだろう。それだけに，実現させるためには大きな社会的な力がないとダメでしょう。行政まかせでは絶対に実現しない」と断言しておられます。結局，成否のカギは全ての消費者団体および消費者の力を結集して大きな社会的

パワーを形成し，猛運動する以外に道はないと言えましょう。

　私たちは今回のゼミナールで，消費者の権利を本当に獲得するには訴訟活動が重要な役割をはたすことを知りました。それが企業に対して真剣な消費者志向をうながし，消費者の安全と利益につながる道となることを知りました。そしてその消費者の訴訟にとって地方自治体の援助制度の協力とか，国による新しい救済制度の確立が必要であることも知りました。これらの実現が急務であり，今後の消費者運動の大きな目標の一つであるといっても過言ではないと思います。

―――――●―――――

諸外国の消費者被害救済制度

クラスアクション

　クラスアクションとは，同一の理由によって多数の人々に被害が生じた場合に，その被害者のうちの一人が同じ被害を受けた者の全員を代表して，救済の訴訟を提起することができる。その要件としては①クラスに属する者が多いため全員が訴訟を起すことが困難であること，②クラス全員に共通の法律上の問題が存在すること，③代表当事者の請求がクラス全員の請求の典型をなしていること，④代表当事者がクラス全員の利益を公正かつ適切に保護するものであること。

　代表当事者が，勝訴した場合には，全被害者への賠償額の総計が一括して支払われ，それが各被害者に配分されることとなる。

　クラスアクションの長所――①同一事案については，通常一度の訴訟でたりるから，裁判所の負担を軽減する。②少額被害であっても，多数被害の場合には，勝訴すれば訴訟に要する費用をまかなえるので被害者の泣き寝入りをなくし，弁護士も引き受けやすくなる。③加害者の手に不法な利益を残さない点で社会的正義にかなう――以上の点から多数被害，とくに多数の少額被害の救済に効果をあげることになる。

　問題点――クラスアクションは，代表当事者以外の被害者全員が自ら訴訟を行わなくても，その権利を最終的に確定する方法であることから，代表当事者が敗訴した場合に，これ等の者の訴訟を起こす権利が侵害されないかどうか。侵害されないと言えるためには，クラスアクションにどのような手当を定めるべきか，また代表当事者以外の被害者に対してどのような通知の方法をとればよいか，賠償金の配分をだれがどのように行うかなどの問題がある。現在，アメリカ以外の国ではまだ実施されていない。

少額裁判所スモール・クレームズ・コート

　少額な事件について，簡便，迅速にその解決を図るための特別な裁判所で，さ

いきんは，オーストラリアなどでも採用しはじめたが，主としてアメリカの諸州や西ドイツなど欧米諸国で実施されている。この少額裁判所は，国によって相違はあるが，次の点が特徴としてあげられる。

　特徴──①少額の金銭請求事件を取扱うこと。
②口頭申立てなど簡便な申立手続で開始され，費用も低額なこと。
③紛争解決までの期間が短いこと（アメリカでは，最初の期日に1件当たり20分程度で解決している裁判所がある）
④審理手続や立証方法が柔軟，簡便であり，裁判所側の積極的な事実究明が行われること。
⑤裁判所の設置数が多いことなどがあげられる。

　この方法によって，通常の裁判手続にはのりにくいものについても円滑な救済が図られている。

　問題点──この制度には，簡便，迅速な解決と，その解決内容の公正さをどう調整させるかという基本的な問題が残されている。また消費者の利用しやすいように種々の工夫を加えないと，消費者の時間の制約や知識の不足などのために，消費者が利用しないで，月賦等の支払代金請求事件など事業者のための取り立て裁判所と化すおそれもある。なお，日本の簡易裁判所は，アメリカの少額裁判所を参考に，少額事件の簡便，迅速な解決を図るため設けられたが，実際の手続が必ずしも簡便でないため，現在，消費者被害の救済のために利用されているとはいえない実状にある。

消費者オンブズマン

　オンブズマンは，スウェーデンの歴史の中で発達してきた制度であり，その制度の拡充の一環として，1971年に消費者オンブズマンが設置された。この消費者オンブズマンは，一般の行政機関からは独立した地位にあり，その権威に基づいて，公正な立場から，消費者の保護を図るために事業者活動の監視や消費者からの苦情の処理などを行う役職のことである。

　消費者オンブズマンは，事業者と消費者との契約書の内容や販売方法などについて，事業者またはその団体と事前調整などを行うとともに，消費者被害の救済活動も活発に行っており，事業者に対して，勧告したり公表したりするだけでなく，最後の手段として，消費者に代わって市場裁判所に対して販売活動の差止め訴訟を提起したり，重要なものでない場合には，市場裁判所に代わって，消費者オンブズマン自身が事業者に販売活動の禁止を命じることさえできることになっている。

　近年，北欧諸国を中心に，このような制度を導入したり，その検討を行う国が出ている。

──国民生活審議会消費者保護部会の委託によってまとめられた消費者救済特別研究委員会の報告（昭和50年4月）などを参考にした。──

執筆者・執筆担当

(肩書は，2007年7月1日現在)

編著者

樋口　一清（ひぐち　かずきよ）　　　　　第1編6., 第2編2.
信州大学教授（経営大学院），信州大学イノベーション研究・支援センター長，産業構造審議会製品安全小委員会委員，消費経済審議会製品事故判定第三者委員会委員，長野県消費生活条例（仮称）検討委員会委員長

井内　正敏（いのうち　まさとし）　　　　　第1編1., 第2編2.
内閣府国民生活局消費者企画課長，信州大学イノベーション研究・支援センター客員研究員

著　者（執筆順）

谷　みどり（たに）　経済産業省消費者政策担当審議官（前経済産業省消費経済部長）
　　　　　　　　　　　　　　　　　　　　　第1編2., 第2編1.

堺　次夫（さかい　つぎお）　国際短期大学専任講師，悪徳商法被害者対策委員会会長
　　　　　　　　　　　　　　　　　　　　　第1編3.

滝田　章（たきた　あきら）　キッコーマン株式会社お客様相談センター長，前社団法人消費者関連専門家会議常任理事　　　第1編4.

高橋加代子（たかはし　かよこ）　前長野県長野消費生活センター所長　　第1編5.

小木　紀之（おぎ　のりゆき）　日本消費者教育学会会長，名古屋経済大学教授
　　　　　　　　　　　　　　　　　　　　　第2編2.

小山　正之（こやま　まさゆき）　第一生命経済研究所顧問，前第一生命保険相互会社顧問
　　　　　　　　　　　　　　　　　　　　　第2編2.

清水　鳩子（しみず　はとこ）　主婦連合会参与，元主婦連合会会長　　第3編講演

> 信州大学イノベーション研究・支援センター
> 研究成果普及事業対象図書
> 本事業は，(独)中小企業基盤整備機構の助成
> を得て，信州大学イノベーション研究・支援
> センターが実施しているものです。

日本の消費者問題

2007年（平成19年）9月20日　初版発行

編著者	樋　口　一　清
	井　内　正　敏
発行者	筑　紫　恒　男
発行所	株式会社 建帛社 KENPAKUSHA

〒112-0011　東京都文京区千石4丁目2番15号
　　　　　　TEL　(03) 3944-2611
　　　　　　FAX　(03) 3946-4377
　　　　　　http://www.kenpakusha.co.jp/

ISBN 978-4-7679-6516-1　C3036　　　　中和印刷／愛千製本所
Ⓒ樋口一清，井内正敏ほか，2007.　　　　　　Printed in Japan
(定価はカバーに表示してあります)

本書の複製権・翻訳権・上映権・公衆送信権等は株式会社建帛社が保有します。
JCLS ＜㈱日本著作出版権管理システム委託出版物＞
本書の無断複写は著作権法上での例外を除き禁じられています。複写される
場合は，㈱日本著作出版権管理システム(03-3817-5670)の許諾を得て下さい。